区块链的逻辑

解密区块链,重塑社会信息体系和经济发展体系

搞定区块链技术发展逻辑
重新定义价值互联网

区块链的逻辑

向凌云◎著

中国商业出版社

图书在版编目（CIP）数据

区块链的逻辑 / 向凌云著. — 北京：中国商业出版社，2018.5

ISBN 978-7-5208-0349-6

Ⅰ.①区… Ⅱ.①向… Ⅲ.①电子商务-支付方式-研究 Ⅳ.① F713.36

中国版本图书馆 CIP 数据核字 (2018) 第 087709 号

责任编辑：唐伟荣

中国商业出版社出版发行

010-63180647　www.c-cbook.com

(100053　北京广安门内报国寺 1 号)

新华书店经销

北京晨旭印刷厂印刷

*

710×1000 毫米　1/16　13 印张　160 千字

2018 年 5 月第 1 版　2018 年 5 月第 1 次印刷

定价：48.00 元

* * *

（如有印装质量问题可更换）

前言

自从比特币经历价格泡沫,在其行情冷却后,区块链作为一种支持比特币运行的底层技术被单独抽取出来,并渐渐从幕后走向台前。

似乎只是短短一两年的工夫,区块链已经热火朝天。国际金融和科技巨头高调进军区块链技术后,各国政府也开始积极行动起来,拥抱被"数字经济学之父"唐·塔普斯科特断言"颠覆货币、商业和世界"的技术——区块链。

印度:建立全亚洲第一家区块链研究所

2016年12月17日,印度南部城市安得拉邦建立区块链技术研究所,成为亚洲首例。印度政府官员认为,区块链技术具有较高的安全性和容错率,可以生成一个良好的防误操作系统保护的大数据库。

然而,作为一门新兴的技术,区块链技术领域的专家和学者相对缺乏。正如印度建立的研究所,是为了储备区块链技术人才,满足国家的需求。

据印度储备银行称,2015年全年,印度一共遭受16488起金融诈骗事件,印度人民在这些诈骗中共损失1200万美元。

印度政府官员认为,区块链技术的去中心化、P2P的交易、数据的不

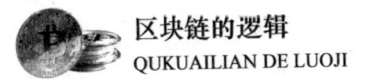

易篡改性,以及时间戳等核心技术,是打击网络诈骗最好的技术。

英国:将区块链列入国家战略部署

2016年1月,英国首席科学顾问发表的白皮书里,明确指出"将区块链列入英国国家战略部署,并推广应用于金融、能源等领域"。

上述白皮书中,多次提到区块链技术将给英国带来颠覆性影响,英国为推广本国的国家战略,制定的详细战略实施规划中,其中有关区块链的部分必须从以下几个方面入手:第一,英国政府要投入大量的时间和精力,推进区块链技术的进行和完善。第二,这项战略的目标要明确,国家利益和国际利益要确定。第三,区块链战略的风险评估要全面,潜在风险和国家政策都要考虑到。第四,国家政策评估要做到位,全面考虑所采用的战略选择和可能性的局限。第五,对国家能投入的战略资源要全面考虑到。第六,邀请最适合的政府人员来完成这项国家战略。第七,找到全国最杰出的业界人员来协助完成这项战略。第八,要有切实可行的方案来保证这项国家战略的实施。第九,要有完整的审计、监管方案,并对可能发生的挑战进行说明,同时有完整的问责制度。第十,英国国会监督确保项目问责制度的实现。

整个白皮书涉及到的区块链技术实施,将由英国两位部长来主导,由他们制定政策以确保"产学研一体化应用"。另外,还将提供资金供全英国的高校研究区块链技术,同时鼓励社会上对区块链感兴趣的人员及组织利用区块链来进行小型实验。

美国:国会决议制定国家政策,支持区块链技术

2016年美国大选之前,美国印第安纳州共和党众议员Adam Kinzinger发起一项提案,要求政府对新技术制定国家政策,这其中包括数字货币和区块链技术。

在该提案中，区块链技术是重点，认为这项技术可以从根本上改变信用体系，有助于建立在线交易的安全性。

该提案指出："美国应制定国家政策，鼓励利于消费者学习的工具的开发，并保护他们的资产，以促进未来的经济增长，创造新的商业以及新市场。"

除了上述这些国家，非洲大陆的数字货币发展势头迅猛，即将涉足移动支付行业。荷兰央行将直接参与区块链技术研发，成立工作小组，并在2017年9月份正式成立区块链园区。韩国30多家金融与科技企业成立了区块链联盟。日本、中国等国家的央行也深入研究数字货币。

已有越来越多的国家和地区，从自己的实际情况出发，纷纷投入到这一闻不到硝烟的区块链技术竞争中。因为，在全世界业内人士看来，区块链技术或许是引发第四次工业革命的关键。

那么，区块链作为比特币的底层技术，为什么有这样大的魅力呢？

本书专为想要在最短时间内，了解并熟悉21世纪重大创新技术——区块链的各行业有识之士量身打造。全书分为8章，每章又有3~7小节的内容。

第一章介绍了区块链目前的布局逻辑；第二章介绍了区块链的进化思维；第三章介绍了区块链本身的技术原理和核心技术，并且从中提炼出区块链整体运行的逻辑；第四章讲述区块链如何让信任机制从制度化转变为技术性，同时衍生出智能合约产物；第五章讲述了区块链在金融行业的颠覆性运用；第六章讲述了区块链在货币、金融市场以外的应用；第七章讲述了区块链技术存在的局限性问题；第八章是展望区块链技术在未来的运用逻辑。

本书立足于专业知识，侧重于通俗演绎，将一个又一个复杂而又晦涩、专业的区块链知识，通过一个又一个图示和案例，深入浅出地剖析清楚，使读者轻松领会世界金融巨头、IBM、微软、阿里巴巴等为之着迷的，具有颠覆全球行业潜质的区块链魅力。同时，该书对区块链的创业、投资也具有很好的引导意义。

目 录 CONTENTS

第一章　区块链的布局逻辑

1.1　争夺互联网新协议　　002
1.2　纵向、横向解读现有的区块链布局　　004
1.3　自上而下，高端力量的区块链布局规则　　012
1.4　不断向上的区块链技术突破　　017
1.5　横向解读区块链布局　　026

第二章　区块链的架构逻辑

2.1　区块链是什么　　030
2.2　区块链的各层概念　　032
2.3　区块链技术出现的核心原因　　033
2.4　推动区块链技术前进的核心原因　　035
2.5　区块链技术将开辟科技和社会变革新局面　　038

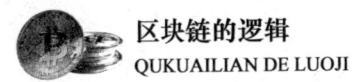

第三章　区块链的技术逻辑

3.1　拜占庭将军的数学难题　　044
3.2　去中心化的分布式记账系统　　048
3.3　区块链最核心的四大技术　　052
3.4　区块链是比特币的底层技术　　065
3.5　神秘的比特币之父——中本聪　　073
3.6　区块链实现工作所需要的硬件　　083

第四章　区块链的信任逻辑

4.1　区块链技术使得制度信任转变为技术信任　　088
4.2　传统契约制度的信任弊端　　094
4.3　区块链创立的技术信任原理　　099
4.4　区块链的价值转移信任机制　　103
4.5　传统合约和智能合约　　112
4.6　智能合约的核心概念　　116
4.7　智能合约＋区块链＝？　　118

第五章　区块链的金融应用逻辑

5.1　区块链1.0版本的应用——完美演绎比特币　　124
5.2　区块链2.0版本的应用——经济、市场、金融领域等　　129
5.3　彩色币的发展和应用　　144
5.4　电子商务 Open Bazaar 前景猜测　　147

第六章 区块链超越金融以外的应用逻辑

6.1 区块链 + 物联网：管理网络和交易具有天然优势　　154

6.2 区块链 + 知识产权：有效保护学术界　　164

6.3 "+ 区块链"在中国的无限种可能性　　168

第七章 区块链的局限逻辑

7.1 需要权威机构为区块链协议下的软件系统背书　　176

7.2 谨防攻击者　　178

7.3 区块链交易过于透明　　180

第八章 区块链的未来逻辑

8.1 必须符合行业标准和实际用例　　184

8.2 还有很长的路要走　　187

8.3 闪电网络值得重点关注　　190

8.4 保持足够的耐心　　191

第一章
区块链的布局逻辑

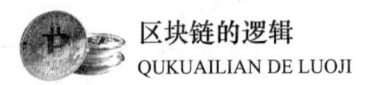

目前，区块链热已经引发各路资本的注意，从金融业一直延伸到供应链管理，竞相布局区块链。布局区块链，一种方式是加入联盟，与专业区块链技术公司合作开发；另一种方式是自身进行探索布局。截至2016年11月，全国已经有24家A股公司抢滩区块链，成为站在风口的区块链概念股。

之所以会有如此多的公司对这一科技领域虎视眈眈，或许，市场研究机构Gartner副总裁兼院士级分析师雷·瓦尔德兹的话，可以进行解释。瓦尔德兹认为："区块链技术不仅适用于金融业，也适用于制造业和供应链管理行业，这将给区块链带来万亿美元级别的潜在市场。"

所以，区块链技术面临的，是万亿级美元资产的蔚蓝色海洋。这也是本章内容中大量案列解析下的，区块链之所以会引发如此关注的原因。

1.1 争夺互联网新协议

比特币的成功，让全世界注意到它的底层支持技术区块链的巨大发展潜力和商机。在取得信任机制的基础上，各行业都试图利用区块链系统来提升行业效率，或是寻求新领域的开发和运用。

这场看不见硝烟的区块链技术开发推广战场上，金融界无疑是最忙碌的身影之一。

比尔·盖茨曾经讲过一句话："传统银行如果不改变思路，就是21世纪要灭绝的恐龙。"这句话绝非是危言耸听，就如同我们看到的，金融界在区块链的布局中，下了一盘很大的棋。

2016年10月，由花旗银行、汇丰银行、摩根斯坦利等42家巨头银行，以及其他科技公司、金融服务企业等参与组建的世界上最大的私链联盟R3CEV宣布，R3区块链软件CORDA将开源，打造全球银行业公共标准。

紧随其后，当月 R3CEV 又宣布了一条新闻：12 家 R3 联盟银行成员测试瑞波币，为全球银行账户提供流动性。

从这些新闻中我们可以看到，加密货币已经不再是银行和政府所反感的对象，相反，在基于区块链技术不断发展下，加密货币已经成为"数字资产"。

通过这次在 R3 实验室设定环境下进行的测试，十几家宣布完成该项目的银行，使用分布式账本创立公司瑞波（Ripple）的瑞波币（XRP），完成节约资金和创建新收入来源，同时为全球银行账户提供充分的流动性。

据称，该项目能展现降低 60% 的流动性成本的投资回报率。

除了这些巨头银行在区块链技术支持下争夺互联网新协议，还活跃着很多其他行业的身影。例如蚂蚁金服。

2016 年 8 月，蚂蚁金服与中华社会救助基金会合作，在支付宝爱心捐赠平台上线"听障儿童重获新声"的公益活动，采用区块链底层技术，每一笔活动都会记录在区块上，废除人工和中心化，通过技术和共识算法实现信任机制。

而 2016 年 4 月加入区块链国际联盟组织 R3 的中国平安集团，则筹备成立金融科技部门，专门研究协助开发区块链，同时进行投资方向的互动；至于百度，则是以投资的形式，来关注和支持区块链技术，并且提前进行战略布局。

国内一些大公司也不甘落后，2016 年上半年开始进行区块链布局。如中国分布式总账基础协议联盟（China Ledger 联盟），包括乐视、万向区块链实验室在内的 11 家机构都已加入该联盟；同年，深圳区块链盟成立，主要研究区块链底层技术平台、区块链云服务，以及区块链的理财产品。

作为一个伴随着比特币出现而进入人们视线的技术，如此迅速就获得全世界瞩目，其重要性不言而喻。

以比特币为例，如图1-1所示。

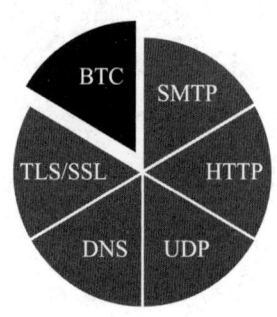

图1-1 比特币和互联网的组合

我们熟悉的HTTP、DNS等协议在互联网中不可或缺，但由区块链技术支持下的比特币，则是互联网这个市场中缺失的部分。

从技术层面上来说，区块链有点类似于技术标准，如果行业巨头不抢占先机，提前进行互联网布局，就有可能被同行甩开，继而跟不上。如同互联网刚兴起时，很多公司都希望以自己的局域网作为通用标准一样。

1.2 纵向、横向解读现有的区块链布局

当政府和行业巨头纷纷研究区块链，试图抢占行业制高点时，那些迟迟没有进行相关技术研究的企业，则显得格格不入。

人人都知道，科技是第一生产力。已经闯入公众视野里的区块链，又是以怎样的姿态，来证明自己"不仅改变互联网，还会改变世界"？

目前，在已经开展区块链研究和应用的相关行业和机构，基本上是围绕着以下几个区块链的主要优势，决定研究方向和深度的。

1.2.1 防篡改技术

区块链技术在防止"双花"和支付骗局上,具有无可比拟的优越性。这一点,对于金融行业来说,尤为珍贵。

从现行的布局来看,一方面,通过"智能合约"的建立和深入研究,使各行业的交易在第三方的托管系统中,合约能够得到充分遵守;另一方面,区块链技术本身的防篡改性和去中心化的操作,使得恶意修改、伪造数据、"双花"等行为失败,还可避免中心服务的操作危险。如图1-2所示。

图1-2 区块链技术在金融上的布局方向

案例一:德国中央银行和德意志证券交易所开发超级账本项目代码

德意志证券交易所是超级账本项目的成员之一,自2015年开始研究区块链技术,取得一定的成绩。

2016年11月,它与德国中央银行一同创建新的区块链原型,用于证券交易。据悉,这项技术能够用于转移电子证券和"数字货币",同时还有债券支付和到期证券的赎回功能。

而这一切的功能,是以超级账本项目的代码为基础的。

德意志联邦银行执行董事会成员Carl-Ludwig Thiele表明:"通过这个区块链原型,德意志联邦银行和德意志证券交易所希望共同研究区块链技术是否能够被用于金融交易;如果可以,要怎样才能实现。德意志联邦银

行希望这种原型可以有助于更好地实践、理解区块链技术,以此评估这种技术的潜力。"

案例二:2016年12月8日,韩国首个区块链联盟诞生

由韩国金融投资协会领导、众多金融机构和金融技术公司参与的区块链联盟,旨在解决开发分布式账本过程中产生的问题。该区块链联盟将会共同分享彼此的研究案例和调查结果。

其中,韩国最大的证券公司之一NH投资与证券公司总经理Park Sun-moo表示:"这个联盟代表着韩国多家金融公司首次联合利用区块链技术。这将有助于实现区块链的基本价值,以及最大化金融交易的便利性、安全性和效率。"

值得注意的是,韩国为了缩小和中国以及日本、新加坡在这轮技术革命中的差距,努力为兼容数字货币、新金融体系以及更为广泛的行业发展,成立了具有包容性和技术指导性的市场。而这个市场是以区块链技术为主导的。同时,韩国政府还宣布拨款约26.5亿美元,作为未来三年内政府对本国金融技术行业发展的财政支持。

韩国的首个区块链联盟,遵循了其他国家在区块链技术和研究成果方面的合作。

1.2.2 点对点信息传递

区块链技术中,点对点信息的传递,可以有效避免信息的泄露,同时在整个生态中创造出信任的机制。

区块链的核心技术之一,就是能够创建出无需中心机构背书,无需对交易彼此有充分的信息了解,以及整个网络生态具有良好的安全性和抵抗

风险的能力。如图1-3所示。

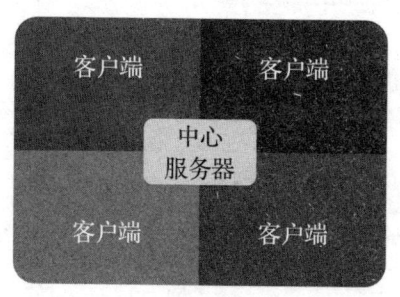
主从式架构

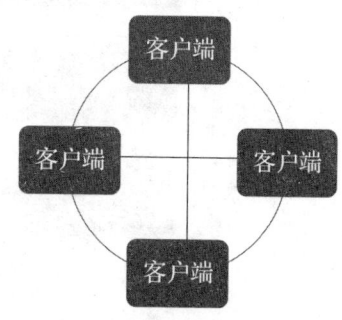
点对点架构

图1-3 主从式架构和点对点架构

正因为区块链技术可以令计算平台不会出现节点失败，也能够抵抗网络攻击，因而在比特币的表现持续良好之时，更多人的注意力集中在支持这一数字货币的底层技术上。

从区块链本身而言，它是数学和加密学的混合体，提供了一种新方式来进行数据存储和执行功能。因而它适合于对安全性要求特别高和对交易彼此身份隐秘的环境。同时，在这一技术的不断发展下，它在应对网络攻击和应用程序免遭网络攻击等方面，也展现出优越性。

区块链应用散列法和密码学，同时具有去中心化的特质，令数据篡改不太可能。尤其是在链条越长的情况下，要改动51%的数据，才能真正篡改数据。这一点对于很多网络犯罪分子来说，是得不偿失的。如图1-4所示。

这个特质，有利于需要维护数据完整性的行业。例如，数据安全创业公司Guardtime正在用区块链技术保护比较敏感的数据，用一种无需密钥签名的技术，替代之前的公钥、私钥。

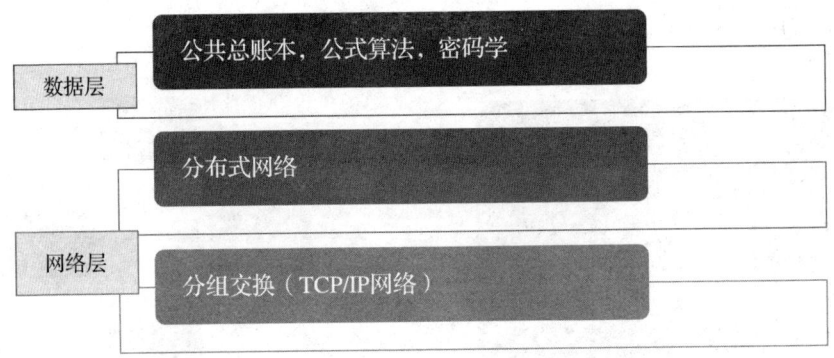

图 1-4　区块链的网络层和数据层传统设计

2016年10月21日,美国大型网站如推特、PAYPAL等的数百万用户被切断访问网站。之所以造成这种状况,是因为DNS服务提供商Dyn的服务器遭到大规模的DDOS攻击。

从这个事件上,可以看到中心化服务器的脆弱;而区块链的去中心化,使得基础设施几乎不可能出现被要求太多而崩溃的现象。

同时,区块链技术的时间戳、文件哈希,以及不断升级的加密技术,能使得不同的参与者共同存储数据和运行计算,并且还能保持完全的隐匿。

可以说,区块链技术带来的这一信任化机制,有利于实现行业的共享在线服务,同时消除潜在的安全和隐私隐患。

这些技术上的优势,适合不能直接进行数据共享,但是又需要执行操作的机构。

1.2.3　整合不同企业和行业

区块链的智能合约,在链接各行业的跨界融合中,发挥了很大的作用。这也意味着,一方或者多方,能够利用其他合作伙伴的资产,建立新的商业模式,创造新价值。

也正因为如此，可以开创新市场，促进新行业的发展。如图1-5所示。

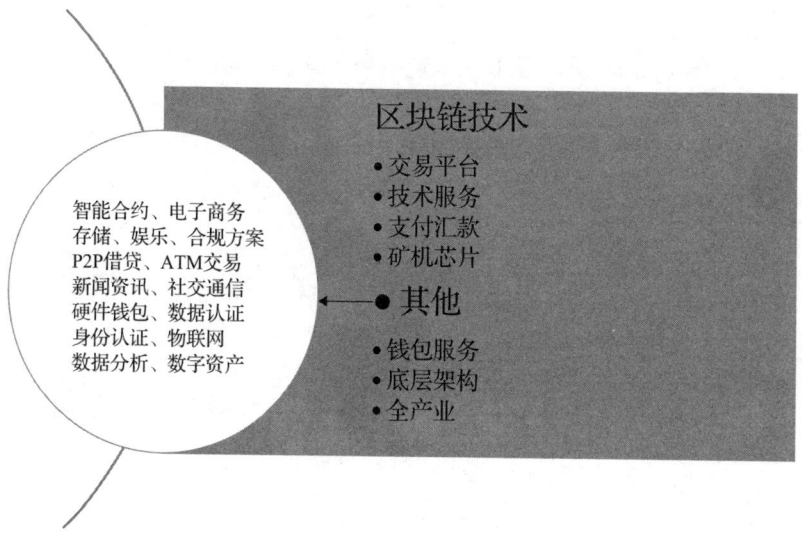

图1-5　区块链对于企业和技术的整合

案例：谷歌DeepMind将会用区块链技术保护患者数据

DeepMind是一家软件公司，最初，它致力于模拟、电子商务、游戏开发等商业领域的研究。该公司在机器学习和系统神经科学的融合、创造强大的通用学习算法、模拟人类的短期记忆等方面，研究得比较深入。

2016年12月，DeepMind在其医疗方案中使用一种"类似区块链"的技术，目的是为基础设施提供安全性和透明度。虽然最初的应用将在医疗方面，但是最终也会覆盖更多的应用。

据悉，DeepMind与NHS信托公司合作建立的应用，可以识别出患者肾损坏的病情危急程度。

目前，区块链技术和医疗、人工智能以及物联网等方面，都在不断发生各种新关系。除了这些方面，还有媒体版权、能源业，以及政府部门的

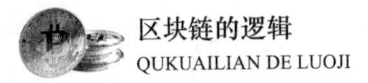

一些民政环节方面,都在积极推进区块链的研究。

也正因为这个特性,众多行业对区块链的研究和布局,正在挖大挖深。从某种程度上来说,搭上区块链的顺风车,有利于本行业的横向及纵向发展。

1.2.4 加快资金流动速度

区块链最初是作为比特币的底层技术出现的。随后,越来越多的金融行业认识到这一技术的优越性。

可以认为,区块链就是一个去中心化的点对点系统。在交易的处理上,只要符合技术制度的要求,所有处理都能实时完成。区块链这一技术,有利于企业资金流动速度的提高,方便企业产品的上市和销售。

目前,银行业在跨行跨境转账中,如果这一方面的技术能够早日成熟,将节省大量的人力和财力,同时提高效率。例如,分布式账本技术已经吸引华尔街众多高管的关注。因为这项技术可以在几分钟内,而不是传统的几天内,处理完几乎所有的交易或者资金转移。这大大减少了被搁置等待交易结算的资本量。

这一技术,在供应链管理和矿产资源管理行业,也显露出非常巨大的价值。

1.2.5 飞速提高云存储质量

众所周知,如今使用云存储的人群越来越多。然而个人信息的泄露,也成为无可奈何的事实。

但是,一旦使用区块链技术,系统设计中的密钥能够保证信息的安全性和隐私性,甚至区块链云存储公司的收费,相较于谷歌、苹果等公司还便宜。

第一章
区块链的布局逻辑

2006年2月在苏格兰成立的MaidSafe，是用完全去中心化架构来取代互联网昂贵的数据中心，建立一个全世界范围内任何人都可以访问的去中心化存储平台。

这个平台依靠各种算法来进行协调，兼容和控制各个独立节点。其优越性之一，就是哪怕一个或者两个节点因为网络问题而中断，网络的安全性依然能够得到保证。因而，高质量的数据能够帮助企业或者行业，做出明智的商业决定，同时有利于监控时间的发展。

从上述的内容可以看出，区块链技术的优越性，既体现在某一个特性，也展现在联合行业的优越性上。因而，各行业在进行区块链的布局时，势必是根据本行业最注重的某个方面，利用区块链技术进行全方位的升级。

目前，大公司以及政府部门在对区块链进行产业布局时，大多是围绕这几个方面展开的。如图1-6所示。

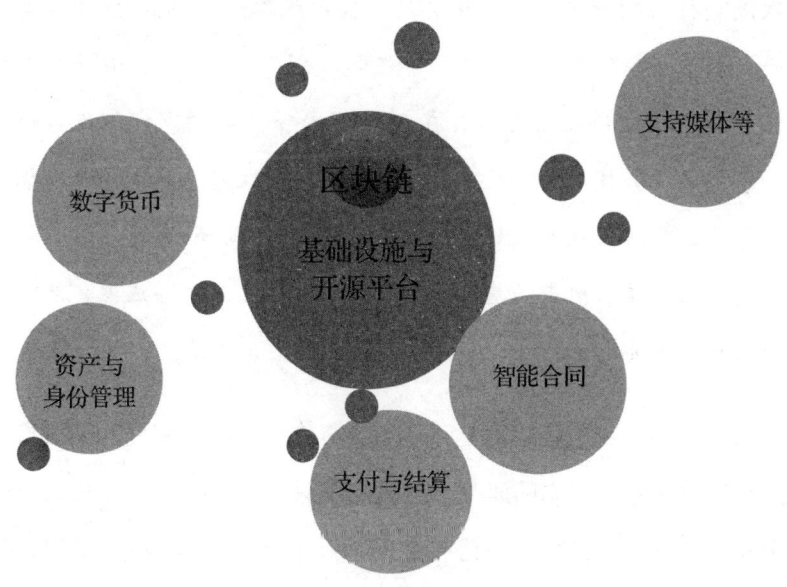

图1-6 区块链行业格局多样化

1.3 自上而下，高端力量的区块链布局规则

如今的区块链技术，就相当于20世纪90年代的互联网，刚从混沌的世界中清醒过来。在支撑比特币取得瞩目成绩后，区块链的世界也逐渐被各行业重视。

目前，在已经测试发展应用区块链的领域里，中心化的高层监管层以及行业巨头已经自上而下地进行区块链规则的制定。

案例一：欧洲央行与日本央行将联合探索分布式账本技术

2016年12月，欧洲中央银行的一个官员表示，目前，欧洲央行将考虑和日本央行一起使用分布式账本技术。

据称，这两家银行将在未来几个月内，不断探索这项技术，同时会选择在2017年的某个时间，宣布研究结果。

欧洲央行执行董事会成员伊夫斯·梅尔施称："我们已经同意与日本央行一起启动一项联合研究项目，旨在学习分布式账本技术在市场基础设施领域的使用。该项目预计将会在2017年公布主要的研究结果。这项工作有助于定义新兴技术如何改变目前的全球金融生态系统，以及确保中央银行能够为这些新兴技术做好充分准备。"同时，他还指出："再强调也不为过的是，任何技术型市场基础设施服务都需要达到足够成熟，从而满足高安全性和效率要求。"

从这个案例中我们可以看出，中央银行作为国家最主要的金融管理机构，主动进行分布式账本的研究，意义非常深远。

事实上，还有英国央行、德国央行、新加坡央行等，都在研究分布式账本的潜力。比如英国已经投入大量的财力物力，以区块链技术代替一些

基础设施,以及发行中央银行数字货币等。

案例二:南非银行的《密码学银行的到来》报告

南非银行就全世界各大央行的区块链研究进程,发表了一篇名为《密码学银行的到来》报告。文中详细研究央行发行的数字货币,并且称,区块链技术将创造货币政策的新纪元。

该报告指出:"一旦主权区块链系统创造出了央行加密货币,那么其他金融机构的证券、股票、衍生品,甚至是房产和车辆登记信息都会转移到这个主权区块链系统中。这样央行就能对商业银行创造的资产进行实时监管。"

同时还表示,区块链技术中的智能合约,能够实际运用在税务、票据等一系列的银行业务中。"智能合约在区块链中的应用可以彻底改革征税模式。这种系统可以在交易发生的同时进行征税,从传统的'交易后征税'切换到'实时征税'。"

虽然该报告还是处于概念阶段,但是,这表明,央行以及大型的金融机构,早已在区块链的研究中进行各种前瞻性的摸索和尝试。

正如报告中所说,"(有了区块链系统之后)各类服务模式的改革是毫无疑问的。我们正处于金融服务改革的新纪元。"

案例三:日本中央银行将最终测试区块链技术

2016年12月,日本中央银行行长黑田东彦在一个以数字创新和金融科技为主要内容的金融论坛上发表演说。

演说内容是围绕金融行业在目前信息技术不断发展的时代,在包括支付、结算、投资选择等方面,运用区块链或者分布式账本产生的重要

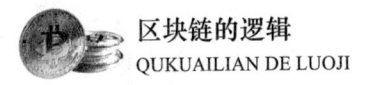

影响。

而在2016年早些时候，日本央行的有关部门就已经针对比特币的支付系统，展开一系列的深入研究。

虽然日本央行的有关部门负责人表示，比特币或者其他金融技术创新不会对中央银行的法定货币构成威胁。但是，日本的私有银行利用了区块链实验的结果，证明通过分布式账本的点对点技术进行资金或者是价值的转移，比应用现有的设施更快更便宜。

案例四：中国将打造金融科技行业在中国的硅谷

2016年12月3日，数字经济与创新发展大会在苏州工业园区举行。在这次大会上，苏州市政府与同济大学共同签订了成立"同济——苏州金融科技与大数据研究院"的合作协议。

这次的合作，意在建立国内第一家区块链技术评测中心，对国内外知名区块链技术与应用进行评测，并且提供资源给区块链技术初创企业。

在此次大会上，同济大学金融科技研究院的负责人表示："区块链行业要发展，除了商业公司积极进行产品研发和探索具有商业用途的项目外，还需要一些类似评测中心这样的第三方公益性服务平台。但这样的服务由于投入大、综合技术能力要求高及短期内看不到盈利点，商业公司很少涉及，作为大学就应当主动承担这个责任。同济大学跟苏州市政府也是一拍即合，决定共同研发这套评测技术体系。今后区块链项目在上线之前可以先行在评测中心进行测试，针对比如强度、敏感性及容量等专业技术指标进行系统评估。"

目前，我国现有的宣称对区块链进行测评的第三方，基本上还是出于主观判断。完全依靠技术指标和测试平台的专业第三方测评中心尚属首次。现在,该区块链评测中心的开发进度良好,相关测评软件调研也已经完成,预计很快就能够正式发布自主开发的相应测评模块软件。

案例五:马恒达集团与IBM合作开发金融区块链解决方案

印度马恒达集团,是该国最大的多元化跨国集团之一。2016年11月30日,马恒达集团和IBM共同宣布,将一起开发、重塑印度的供应链金融,其目的是为了提高金融行业安全性、透明度和运作流程。

作为一种比较激进的流程和技术,区块链技术可以帮助马恒达集团在票据贴现——捆绑和打折出售票据业务中,获得相当大的便捷性。

在传统相关业务中,供应商——制造商票据贴现一直是比较高风险的,需要每一个参与到该业务的工作人员共同维护。一旦发生错误,将会导致记录不一的情况,极有可能导致延迟支付和无法获得资本的可能性。

正如马恒达集团战略总裁阿尼什·沙阿(Anish Shah)所言:"马恒达集团正在率先使用区块链来颠覆传统业务和推动进一步发展。我们正在直接研究这种技术在集团其他方面的应用,如金融服务、汽车、移动和农业技术等。这个概念验证将进一步推动区块链成为马恒达金融的中小企业贷款业务的一种更具吸引力和有效的供应链解决方案。与IBM合作,我们将致力于建立、测试、规模化和完善这个解决方案。"

而IBM全球商业服务执行合伙人鲁拉·莫汉蒂(Lula Mohanty)则认为:"区块链准备像互联网那样变革商业的发展,而IBM位于革命的前沿。我们提供了一种全面的企业级区块链解决方案,这种方案既安全、可扩展又可信赖。我们与马恒达的合作有可能从根本上改变企业与企业、客户和供应商之间的相互关系。我们相信这种参与能够进行复制，不仅仅可以用在金融行业，而且还可以在其他各种行业应用。"

事实上，金融类、供应链、贸易融资、物流网、风险管理、版权类、医疗保险，以及政府用于民生的项目等，都会因为使用区块链技术而发生翻天覆地的变化。

案例六：英国皇家铸币局将推出基于区块链的数字化黄金产品

英国唯一获得许可的造币机构，拥有超过一千年历史的英国皇家铸币局于2016年11月宣布，将会推出一种区块链黄金产品。

这个项目是英国皇家铸币局与芝加哥商品交易所集团进行的合作，旨在推出一款能让用户使用的，在区块链技术支持下进行执行、结算和交易的黄金。

英国皇家铸币局新业务主管David Janczewski解释说："成本与黄金和实体资产的存储之间存在着联系。正是因为这个原因，黄金通常被称为负回报投资。我们打算解决这个问题，并提供一个更好的价值方式来投资实物黄金。"

因而，英国皇家铸币局拿出400盎司的金条，对这些资产的所有权进行分配，并且允许用户在芝加哥商品交易所集团运行的区块链平台上进行点对点交易。同时，英国皇家铸币局最终可能会发行10亿美元的英国黄金铸币局黄金作为产品的一部分。

另外，David Janczewski强调说，该产品并不是模拟测试，而是准备进入市场。同时，该产品还会像现有产品一样，不受时间限制地去使用，并且能消除传统实物黄金资产交易记录可能产生的差错。区块链的高效，令黄金的价值转移成为实物黄金的通道，而且存储成本为零。

从技术革命上说，自上而下的推行，总是带着深刻的历史变革。人类历史上经历过的蒸汽时代和电气时代的工业革命，都促进了社会生产力的重大飞跃。第三次工业革命延续到现在，不但推动了人类社会政治经济和文化领域的发展，更是影响了人类思维方式和生活模式。随着科技和互联网技术的不断发展，有关人类的衣食住行等行业都发生了翻天覆地的变化。

而如今的区块链技术，有人说几乎称得上是第四次工业革命，指的也是在信息化时代，区块链技术开创的新局面和新的行业制高点，完全是一种颠覆性的存在。

打个比方说，历史上航海家麦哲伦等人总是需要获得皇室、财团的财力物力支持，才能更好地开辟新航线。那么，目前区块链技术的研发和推广，都是由政府部门和行业巨头来操作，几乎也是可以把区块链的发展，相比成人类发展史上新航线的开辟。

1.4 不断向上的区块链技术突破

区块链技术的出现，不是一场单独的技术革命，需要把区块链、人工智能和大数据等技术结合在一起对比、融合，才能对区块链技术有一个较为准确客观的评断。

除了银行业，区块链技术在证券交易、房产市场、能源行业等都有发展和探索。可以说，在更多的行业也迟早会出现区块链技术的身影，那么技术的创新也将呼之欲出。

以创业公司布比为例，它将区块链技术放在积分、供应链管理云平台和网贷平台等场景，并且协助这些场景领域里的公司搭建区块链底层技术。

布比公司基于自身区块链的数字资产平台"布萌",拥有一套标准化协议,将发布在布萌平台上的数字资产,利用区块链技术特征实现点到点的传递。

在这个平台上,数字资产是自由流通的,其价值也是每个节点共同决定的。并且区块链技术的信任机制也得到充分发挥,该平台上的数据无法篡改,保证数据的真实有效。

目前,除了金融领域对于区块链技术的不断研究外,大方面来说,还有以下几个区块也在进行区块链的探索。

1.4.1 建立去中心化的交易场所

根据传统,一般的交易都会有中心化的交易场所来进行买卖。但是,当比特币出现的时候,它的去中心化和点对点的交易方式,让第三方仲裁成为过去。如图1-7所示。

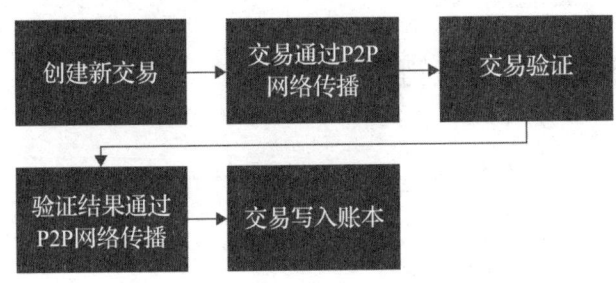

图1-7 区块链的分布式记账

案例:小蚁正式上线云币、元宝网、19800等交易所

作为国内区块链的标杆项目,小蚁于2016年10月17日正式上线云币、元宝网、19800等交易所。

云币团队在国内Ruby社区有着强大的影响力,其开发的antshares-ruby

已经加入小蚁 Github 开源代码库。

小蚁股代表小蚁区块链的投票权和收益权，用于选举记账人、获得小蚁分红等。

市场对于小蚁股价值的认可，将由小蚁股的市场价值来表现。

另外，除了上线国内交易所，小蚁团队已经和国外相关交易所进行联系，一旦条件适合，将登陆国外数字资产交易所。

1.4.2 分布式云存储的应用

据业内人士称，根据区块链技术设计出的分布式云存储，将会在三到五年时间内，成为行业的巨大颠覆者。

目前我们使用的云存储，都是由一个中心化的服务器掌控。个人或者企业存储在上面的数据并不安全，数据信息随时都有可能被查看。

然而，一旦使用区块链技术的云存储，这就意味了去中心化，数据存储可以做到安全、高效，降低对服务器的依赖度。如图 1-8 所示。

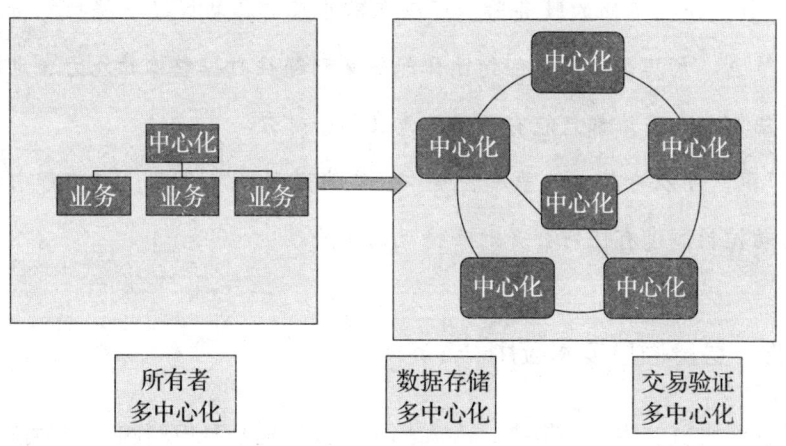

图 1-8　分布式云存储业务

案例：MIT 研究生开发出比云数据共享更为便捷的新项目

2016 年年初，MIT 的研究生所开发的新项目，为云数据共享带来更好的便捷性。其中包括帮助公司分析客户的数据，但是又能同时保证客户数据的安全性。另外，还能在不共享数据的情况下，允许贷款人提交自动承保信息。

Enigma 项目的开发得到区块链创业家 Oz Nathan 以及 MIT 教授 Alex Pentland 的帮助。使用该项目的用户，在市场上售卖大型计算与统计的加密数据，可以不用担心泄露数据源地址的危险。

该项目创始人在白皮书中写道：

"有了保证的隐私安全、自动控制以及增加的安全措施，消费者可以销售自己的数据地址。例如，想要寻求临床试验的病人的药剂公司可以检索基因数据库。市场可以为客户收购消除摩擦、降低成本，并提供新的收入流。通过安全多方计算的密码技术，数据可以分往不同的服务器，因此没有机器可以提取基本信息，但是节点仍然可以共同计算数据的授权功能。

"数据分往不同的服务器，可以在不泄露信息的情况下将功能传送往其他节点。尤其是，没有任何团体能够拿到通往数据整体的能力；也就是说，任何一个团体都只能有着毫无意义的一部分。

"用户可以贷款、储蓄加密货币，或者购买投资产品，这些都由区块链自动控制，没有任何公开财产情况的风险。"

1.4.3 身份信息技术应用

在区块链的生态环境中，人人都无需太过担心身份问题。因为技术的本身，可以安全、高效地帮助用户跟踪和管理数字身份，做到无缝对接登录系统，或者是将欺诈的风险降到最低。

目前，在我们日常生活中，从银行账户到公民的身份信息证明等，都和当时当地的社会政治经济等紧密联系在一起。甚至有些部门，会提出证明"我妈是我妈"的要求。如果单纯从身份信息真实度的角度来出发，归根到底也是现行的信息存储方式存在不完善的地方。传统模式带来的隐私泄露问题，一般是这样发生的，如图1-9所示。

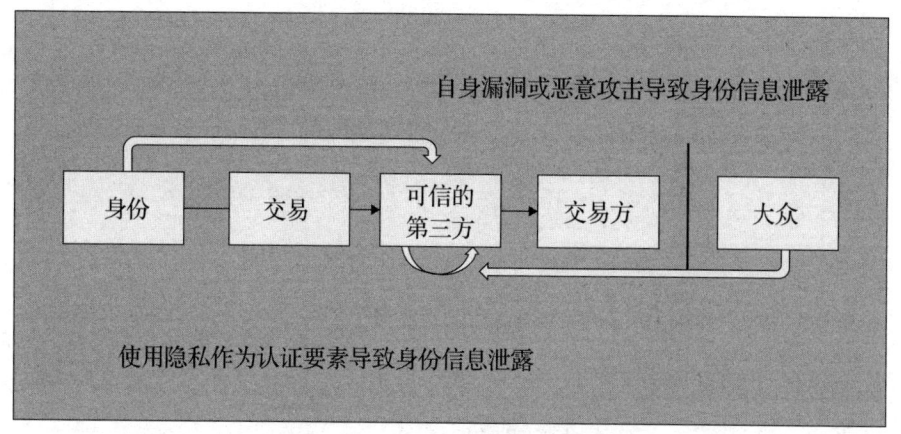

图1-9 传统模式带来的隐私泄露问题

之前媒体一直有报道，大量客户信息被泄露，或者是被不法分子廉价贩卖。另外，黑客攻击数据库和账户漏洞这样的事情也层出不穷。

目前，身份信息安全创新这一问题，已经在区块链技术上处于不断研发中。区块链技术中，基于公开密钥密码学的数字签名保障了所有者的身份。

当然，要管理这个身份认证的密钥，也是需要相关的技术。

案例：Augur 与 Airbitz 合作解决存储私钥和账户数据

建立在以太坊的预测市场平台 Augur 与 Airbitz 达成合作关系，解决去中心化存储私钥和账户数据问题。

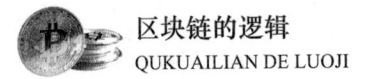

Airbitz是一家专业的区块链安全解决方案专业公司，能够自动加密、备份和跨设备同步私钥及账户数据。

Airbitz公司与Augur的合作，是属于把Edge安全平台引入基于以太坊的去中心化应用中。

Augur是一种去中心化的预测市场平台，是第一个建立在以太坊上的Dapp。

Augur核心开发人员乔伊·克鲁格（Joey Krug）说："目前Dapp最大的可用性问题之一就是没有什么好办法来不使用中心化服务器便可以存储私钥和账户数据。然而，Airbitz为Augur解决了这个问题。"

Augur核心开发人员杰克·彼得森（Jack Peterson）说："从用户的角度来看，我们希望Augur能够像使用平常的网站一样简单。我们与Airbitz的合作使我们向这个目标迈进了一步：用户将可以选择使用一种更加传统的账户系统，而不必再手动管理密钥。"

Airbitz联合创始人兼CEO保罗·普埃（Paul Puey）说："当使用Airbitz技术的Augur完整地发布的时候，Augur将会拥有业内最好的账户创建、加密、备份和同步一体化流程，同时还会紧密整合Airbitz账户。Augur已经开发了一种影响整个行业的产品。Airbitz团队很高兴与Augur共同向Augur用户提供我们的Edge安全平台。"

最终，Edge安全平台的使用案例能够扩展到诸如医疗、物联网、安全信息、鉴定、身份、金融服务等其他各种传统行业中。

1.4.4 提供永久记录

在如今世界一体化的趋势下，很大一部分的产品并不是某一家单独制造的了。而是会流经很多地区，制造不同的配件，最后由各种组件供应商把产品汇聚到一个公司进行组装，产品最终投入市场。在这个过程中，如果某个环节出了问题，直接遭到冲击的是产品的品牌。

然而，在区块链的技术中，一旦某个部分出现问题，很容易就能在这个系统中，根据信息的存储找到问题的源头。

案例：Provenance.Org 和 SkuChain 公司提供审计记录

Provenance.Org 和 SkuChain 公司正在开发一种可以永久提供审计的记录，能够向利益相关者提供在区块链技术中每一个节点的产品状态。

位于美国加利福尼亚州的创业公司 Skuchain，努力开发区块链技术，用来解决价值 18 万亿美元的全球贸易金融市场依赖纸质文件的问题。Skuchain 公司本身致力于开发 B2B 贸易和供应链融资区块链应用程序。

目前，全球贸易的金融圈中，信用证和保付代理仍为主导，在整个交易和买卖流程中，手续非常繁琐和复杂。在这个过程中，会涉及到大量的第三方，例如物流、银行、海关等。另外，路程的遥远、信用缺失等问题，也是阻碍交易顺利完成的障碍。

在解决这些问题的时候，很大一部分是基于纸质文件。而纸质文件本身固有的缺陷，以及文件在各方周转中暴露的弊端也急需解决。

区块链技术的不断发展，恰好可以解决这一问题，达到缩短交易周期、降低人力物力耗费，使整个生态安全可靠，同时还能为中小企业提供适合的融资途径。

目前，Skuchain 一方面获得投资者的资金支持，另一方面也获得和多家国际银行合作开发项目的机会。

其中，数字货币集团CEO巴瑞·希尔伯特说："Skuchain所要打造的'商务云'愿景引人注目。在这个'商务云'中，贸易伙伴可以无摩擦交互和能够得到具有高度可见性的供应链。Skuchain团队及其区块链产品很好地定位于改变贸易金融行业，数字货币集团DCG对于能够支持他们的工作表示非常地激动。"

1.4.5 智能合约让世界变得简单

作为基于区块链技术上的、具有法律约束力的可编程数字化合约，这些合约都是智能的。所谓智能，是指当编写程序的开发者将合约内容和法律合约结合在一起，实施为各种变量的语句，当条件触发开发者之前的设定时，作为去中心化的区块链生态系统就会自动执行合约。

以太坊创始人Vitalik Buterin解释说："智能合约解决了协议当事人之间的中介信任问题，无论是转移资产，如黄金，还是执行两个当事人之间的决定。"

当然，我们也应该看到，智能合约并不是取代传统合约。传统合约的建立基础，是法律和基于同类的"主观"范畴；而智能合约的建立基础，更多是基于技术规则和数学、密码学运算。

智能合约概念的发明者Nick Szabo认为："律师们担心会因机器人的存在而失去工作。实际上，你们在做的事情，可能并不是智能合约要做的。智能合约主要做的，是之前还未曾有的新事物。"

具体来说，智能合约的内容范围覆盖完全由代码编写的合约，到使用编码支付机制的合约。

当然，这一切的基础，最为安全和可行的方式，是通过区块链技术的支持。如图1-10所示。

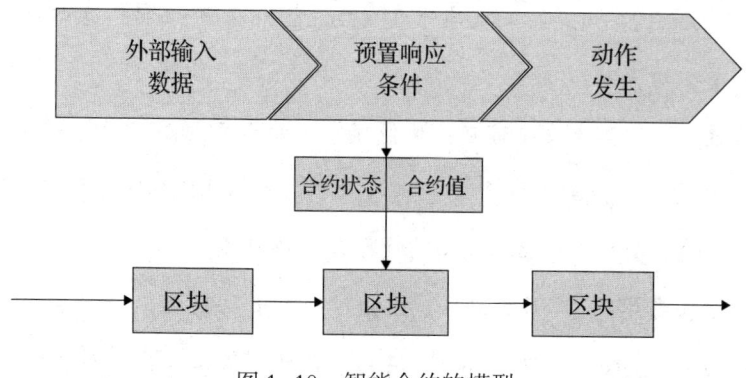

图 1-10 智能合约的模型

1.4.6 提供安全和反安全的证明

由于区块链技术具有时间戳和数据不易篡改等特性，在安全性的提供和保障上，具有无可比拟的优越性。

案例：美国国土安全部对区块链技术进行投资

"9·11恐怖袭击事件"后，美国国土安全部得以建立。2016年6月，美国国土安全部宣布，奖励区块链创业公司Factom 19.9万美元。该公司致力于研究区块链技术如何保证摄像机的安全，以及监控美国边境。

目前来看，具体的运用很可能是帮助美国国土安全部为机器和设备建立一个个的"身份"，这是扩展机构监控服务的一种方式。这项计划属于物联网以及数据安全，但是用的是区块链的技术。

国土安全部的数据隐私项目主管约翰·阿尼尔说："对于美国国土安全部而言，我们资助的项目主要集中于区块链在安全与隐私的证明或反证明上的应用。这比物联网和身份验证，要更为广泛。"

目前来看，美国国土安全部利用区块链技术进行的国土安全方面的研究，还是处于早期。虽然除了Factom，还有诸如Solarity解决方案、尊重网络（Respect Network）和数字市集（Digital Bazaar）项目，都获得了美国国土安全部的资助。

不过，美国国土安全部在区块链项目上的研究，并不只是止步于投资而已。约翰提到，美国国土安全部还参与了由WEB标准机构W3C正在构建的工作，其考虑将区块链技术用于简化在线支付。

约翰还表示："我们想要从社区当中听取一些意见，并洞察这项技术在目前的状态，以及其可能性。"这表明，美国国土安全部对于区块链技术的兴趣，还是非常谨慎和理性的。

1.5 横向解读区块链布局

"错过1995年的互联网，不愿错过区块链的机会。"这是很多投资者的观点。根据CoinDesk的统计，2016年第一季度，区块链领域的风投总额达到1.6亿美元，较2015年第四季度大幅增长，风投平均交易规模为1140万美元。

然而，真正能走到C轮融资的，从2013年到2016年底的186起融资并购事件里，只有5起，并且投资区域上相对集中在美国硅谷。

对于区块链的投资热情，国内也被炒作起来，哪怕还在谈概念，也有众多散户愿意买单，从全国各地召开的区块链大会可见一斑。然而，若非专业出身，或是掌握相应的区块链知识人士，恐怕看不懂其中的技术迭代和要求。

案例：小蚁完成ICO众筹，筹集到6129个比特币

国内标杆性区块链项目小蚁，在2016年9月7日晚落幕的小蚁全球ICO众筹结束时，一共筹集到6129个比特币。

按照当时的比特币市价来计算，价值超过 2500 万元人民币，同时累计参与人数近 1500 人。而在参与的 1500 人中，有超过一半的是来自于海外。

本次小蚁 ICO 众筹，是国内首个面向全球的 ICO 项目。在项目中，小蚁首次设置可退回机制，也就是说，当参与者觉得 ICO 资金估值过高、具有一定风险时，可以选择一次性退出。

另外，在之前的 THE DAO 和 Bitfinex 发生的被盗窃事件后，小蚁团队对这次的 ICO 资金安全设置了多重签名担保。

谈到对未来的展望，小蚁创始人达鸿飞说："从第一天起，开源就是小蚁的唯一战略。这样的战略其实是种必然——真正的区块链必然应该选择开源。闭源的区块链系统是一个需要对开发者无条件信任的黑盒，这完全和区块链的本质精神相违背。闭源的区块链要么是复用了其他区块链项目的代码，不敢开源；要么就是中心化系统宣称是区块链，更不敢开源。小蚁的代码完全原创，并且实时地在 GitHub 上更新。这是小蚁团队的自信，同时也给社区带来了信心。这次 ICO 不少海外的参与者就是凭着 GitHub 上小蚁项目的频繁更新，来判断我们靠谱的程度。ICO 完成后，小蚁会继续坚持开源路线，用社区支持的经费开发出更强大完善的开源区块链系统。我们已经做了完整的技术规划，将在近期发布。"

第二章
区块链的架构逻辑

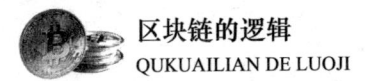

如果把互联网发展和区块链发展相对应,我们可以发现,在经历了20多年发展的互联网面前,2015年才开始探索和开发的区块链,就像是一个小婴儿。

从技术层面上说,2015年是区块链技术被大众开始热议的一年,业内人士提出了区块链1.0、2.0、3.0的概念。

不断深入的概念,代表的是人们对区块链技术不断深入探究后的进化。本章将从区块链的几个最基础的技术点入手,分析区块链的独特性。

2.1 区块链是什么

最初,区块链是由一个叫中本聪的神秘人士提出来的概念,作为比特币的底层技术,它为比特币的成功付出了汗马功劳。

于是从2015年,甚至更早一点,区块链就像一阵飓风,刮过极客圈、金融圈、科技圈,到现在的大众圈。

那么,说了那么多的区块链,这到底是个什么东西呢?有人说,区块链是一种令人愉快的"物物交换"保障。为何这样去描述?

从前,在没有统一度量衡的时候,很多地方都是根据"物物交换"的原则进行交易。比如说,老张家有很多只鸡,老王家有很多只鸭。有一天,老张家媳妇想吃鸭了。于是老张就对老王说,拿我家鸡,跟你换只鸭呗?老王同意是同意了,可是他在当时并不想要吃鸡。拿着一只活鸡回去,还要喂粮食,多烦人。于是,老张就说,这样好了,我欠你一只鸡,让村里人都出来作证。老王想想,也就答应了。于是这笔交易就算是完成了。

后来,老王想要吃鸡了,于是就找村里人,在大家的见证下,拿了老张家的鸡。

然而现在有了区块链,于是"物物交换"就变得更加简单了,再不用喊出整个村的人,因为区块链记录就是一个证明啊。

第二章
区块链的架构逻辑

我拿你一只鸡,你过几天拿我一只鸭,区块链记录上登记得清清楚楚,村里还人手一本账目,想赖?没那么简单。有这赖皮工夫,都够自己养一百只鸡了(数据篡改的成本非常大,得不偿失)。

所以说,从这个角度去理解,区块链是一种"物物交换"的保证,也有道理。

就好比金融行业人士会说,区块链就是一个分布式的银行记录账本;而密码学家会说区块链是密码学构建的信任体系;至于互联网专家,会说区块链是一个有效的、难以篡改的、确保最终一致性的分布式大型数据库。如图2-1所示。

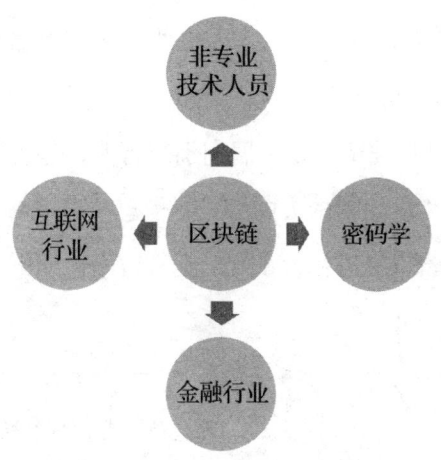

图2-1 区块链的关联行业

可是,区块链到底是什么?

对于非技术人员的大多数人来说,区块链是一种分布式数据库,起源自比特币。区块链是一串使用密码学方法相关联产生的数据块,每一个数据块中包含了一次比特币网络交易的信息,用于验证其信息的有效性(防伪)和生成下一个区块。该概念是在中本聪的白皮书中提出的,中本聪创造了第一个"区块",即"创世区块"。

然而，区块链到底是什么，这并不重要；重要的是，它是如何一步步串联、影响、改变我们的生活，颠覆我们的世界。

2.2　区块链的各层概念

区块链 1.0 指的是以中本聪的比特币为代表的虚拟货币。众所周知，区块链技术是比特币的底层技术支持。比特币的成功，令全球货币一体化不再只是梦想，虽然路途很遥远，但各大银行巨头已经进行区块链在金融行业的技术开发，远景已经在开始勾勒。

区块链 2.0 可以看做是区块链技术在其他金融领域的运用，包括 R3 联盟想要打造的区块链行业标准，以及一些交易所尝试使用的区块链技术进行证券登记转让等功能。

区块链 3.0 则是将技术领域扩展到别的行业，包含社会生产和人类活动的各方面。同时将区块链的去中心化、信息共享、信任机制等技术充分发挥运用在各个场景，提高社会系统的运转效率。如图 2-2 所示。

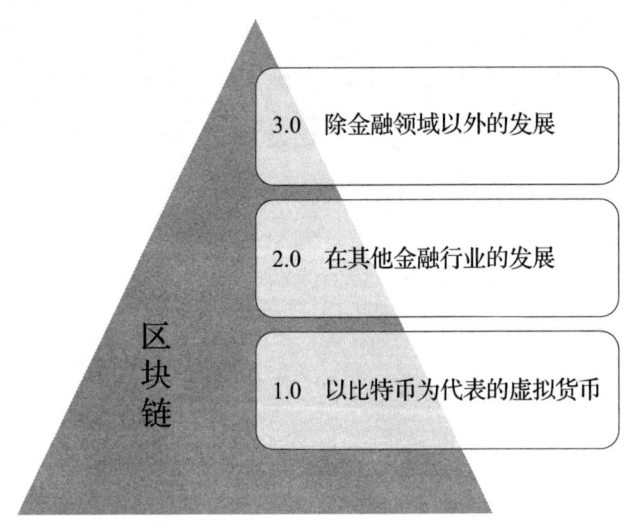

图 2-2　区块链的各层概念

如果从年代上划分区块链的发展，2015年当仁不让是区块链的开发和探索阶段。2016—2017年的重点是银行业运用区块链技术在资产配置方面的摸索和测试，并且进一步出台各项监管措施；2018—2024年则是区块链技术的大发展阶段，供应商和服务商陆续出现；从2025年开始，区块链技术发展将趋向成熟，并且成为各行业的主流，同时融合进资本市场的运作体系中。

2.3 区块链技术出现的核心原因

区块链的核心之一是"去中心化的、基于互联网的、具有信任机制的、数据很难篡改的记账体系"，正如区块链是和比特币捆绑出现，所有人在接受比特币的时候，不得不注意到支撑比特币运行的区块链技术。

那么，区块链为什么会因为比特币而被人们所注意？为什么区块链会以记账系统的形式诞生呢？

要回答上述问题，首先得回顾一下货币形态发展的五个阶段。

第一种货币是以实物形态出现的，也就是我们说的"实物货币"，主要是为了方便大家交换而临时约定的某一种物品。根据历史记载或对出土文物进行研究，我们发现，从粮食、布匹、皮毛到工具、陶瓷器等等，很多都充当过实物货币的角色。

在"实物货币"出现后的很长一段时间，随着社会体制的进步，人们开始使用贵金属进行交易。这就是第二种货币形式：称量货币。这种货币形式，一直沿用到现在。只要是金银铜铁等金属货币，不管什么形态，都属于称量货币。

随着社会政治经济的进一步发展，开始出现第三种货币形式——纸币。而中国是首先出现纸质货币形式的国家。纸币是一种价值符号，是随着国家政治经济的发展而出现的一种有时限、有地域限制的货币。每一种纸币，都只能是在一定时空中使用。

至于第四种货币形式，是人类最新发明的电子货币形式，例如银行卡。这种货币形式的出现，和互联网技术的突飞猛进是分不开的。

时至今日，我们依然认可称量货币的价值，也在使用纸币，电子货币也同时使用。由此可见，货币的更迭是需要一个过程的。

目前，货币发展的第五种形式——以比特币为代表的数字货币时代已经悄然来临。如图2-3所示。

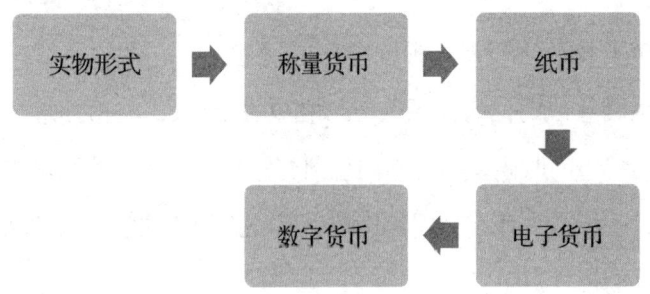

图2-3 人类货币发展的顺序

从第一种到第四种货币形式，是随着时代的变化而出现，这里的时代变化，包含的是一次次人类在政治经济、意识形态和科技方面的进步。

科技的进步，往往是和人类进步发展相辅相成的。

人类发展的历史经历了三次工业革命，从最初的蒸汽时代到电气时代，以及如今的信息时代，我们可以看到，第三次工业革命是以计算机、原子能技术和航天技术为代表的。尤其是互联网的迅猛发展，使得信息的传递在人与人之间的传输中变得非常高效和便捷。可以说，现在互联网发展已经到一个比较高级的阶段，信用货币搭载互联网平台进行传送已经成为必然。

就好像我们有了高效的互联网，于是有了移动支付，并在此基础上诞生了新的价值传输，支持这种价值传输的技术自然也是呼之欲出。

实物货币之所以会被取代，是因为它的固有缺陷，比如不易携带、难以分割等，使得价值传递非常不方便。而纸币、电子货币的出现，也正是顺应了这种货币形态存在的刚需。

而比特币以传统货币颠覆者的姿态出现，则是向人们展示了一种前所未有的新型货币关系。这种货币关系从技术上解决了传统货币形态的大多数弊端，用固有的优势来证明它适应现代金融行业发展的节奏。

正如我们前面所说的，比特币的优势，是建立在区块链技术的支持之上。所以，人们会对区块链技术产生如此大的兴趣也不足为奇。从这个角度去看区块链技术的出现，不难得出，这是一个时代发展到一定高度必然出现的产物。

回到区块链的核心去看这个问题，区块链技术并不是单纯制造出一个去中心化的分布式账本，它还有一个"不可篡改"的信用机制。当然，这个"不可篡改"不是真的无法篡改，而是篡改的代价太高，很多时候都是得不偿失。所以说，区块链的信用机制是建立在可以计算的基础上。

比特币和区块链的关联，就好像电脑和互联网，电话机和通信技术的关联一样。前者在后者发展的基础上进一步发展，而后者因为前者改变世界的力量而得到重视，并且发展到各行各业。比如火热的"互联网+"浪潮。

2.4 推动区块链技术前进的核心原因

要究其原因，必须从内外两方面来考虑。

作为新型的、底层 IT 技术，区块链技术将会给社会生活带来的颠覆性便利已经初现端倪。

区块链的最核心优势，包括信任机制可以达到去中心化过程、共识机制的顺利建立、交易的透明度高，以及数据的不可篡改性、稳定可靠性和可持续性。

打个比方，在出售唐伯虎字画的时候，买家一定会比较担心买到赝品。那么，区块链技术可以很好的解决这个问题。

首先，区块链技术可以证明"唐伯虎画了这幅画"，就相当于"我妈是我妈"的论点，情景还原，当唐伯虎吹干纸上最后一滴墨，把字画给了买方A时，区块链技术的时间戳就"啪嗒"一下，在区块链的交易记录上打下烙印，这就是"创世区块"。

随后，A又把这幅字画卖给了B，B又卖给了C，C又卖给了D……在每一次的交易中，双发的交易行为都会形成一个区块。这个区块里面详细记录了买方是谁，卖方是谁，在哪年哪月哪日，甚至精确到分秒在地球上的哪里进行的交易，并且拥有者有权利可以对下一次的交易进行一定的条件附属。

比方说，D想把这幅字画留给儿子，作为"先赚一个亿"小目标的项目启动资金，那么D可以对这幅字画以后的买卖进行指定（通过区块链技术进行可编程的控制）。于是D的儿子如果想要把这幅字画套现，就一定是进行这个项目，不然他就无法进行交易。

然后，D的儿子卖了这幅字画，买家根本不用找专家来鉴定，他们只要看一眼区块链的所有交易记录，就能知道这幅字画的源头在哪里，期间经过几次交易，每次的交易信息如何。当然，并不是说在这幅字画所有买卖过程中的区块数据真的是不能篡改，而是说，如果要进行篡改，那么付出的成本很可能比这幅字画的本身价值还要高。这样的话，数据被篡改的可能性微乎其微，基本不存在，也就保证了数据的安全。

可是，每次的买卖过程中，有可能今天这幅字画还在美洲，明天就被卖到欧洲去了。在交易的过程中，谁都不能保证网络始终是这样的畅通。

假设共有一百次的交易，在这其中，有那么两三次的交易，就在最关键的节点上忽然遇到欧洲电信公司工人罢工而瞬间断网，或者是美洲豹一口吞了坐在电脑前进行交易的可怜虫……那区块链是不是会就此完蛋了呢？

答案自然是否定的。

区块链数据就算是宕机几次，也不妨碍之前的所有交易，因为每个节点的交易人，手中都会有随时刷新的一个交易账本，宕机不会导致交易数据的缺失。

另外，在买卖过程中，这幅唐伯虎字画的归属权在区块链的数据库中是一目了然的。哪怕这幅字画本身是在佛罗伦萨F家里挂着，但实际拥有者C在北极，F都没有办法伪装成字画的拥有者来出售。因为区块链的特点之一，就是交易的公开性和不可篡改性。对于唐伯虎的这幅字画来说，它的每一任主人的信息，清清楚楚地在区块中存储着呢。

正因为区块链技术的这些特质，使得它能在未来得到更多机构和行业的关注。而区块链的发展，目前只是处在开发架构阶段，各行业的先驱者都试图制定区块链实施的标准。

可以说，正是因为看到区块链技术巨大的潜能，才促进行业巨头投入其中；也正因为行业巨头的风向，让更多公司也参与到这项技术的变革中来。

毕竟，在互联网时代，不进步就等于是退步。

所以说，到底是什么原因推动区块链技术的进步？一方面是技术核心价值为行业认可，提升技术有利于促进行业发展；另一方面也是因为行业不断研发区块链技术，以获得更好的区块链技术服务。

这是一个相辅相成的关系。如图 2-4 所示。

图 2-4　区块链技术进步的动因

2.5　区块链技术将开辟科技和社会变革新局面

区块链目前正处在刚刚起步的阶段，但是几乎所有行业都看好这项技术的未来。那么，区块链技术在成熟过程中，到底能给科技和社会带来哪些变革呢？

根据区块链技术的内在特点，首先，一旦区块链技术能够到达一个更加高效、稳定的局面，它的存储量必然是大得惊人，也就是说，这个数据库是极其庞大的。

因为当区块链技术成为支撑社会运转的底层技术时，根据区块链本身特质，它势必要进行和维护各种数据的交换和持续不断的存储。从一定程度上来说，区块链也就是一个超级大的数据库。那么从技术角度来说，对于超级数据库的搭载和建设，也是牵涉到很多方面的技术的变革。

其次，根据区块链的特质打造出来的智能合约，将进一步解放人力，并将社会行为纳入一个良好的自我循环的体系中，同时从根本上达成共识

第二章 区块链的架构逻辑

机制和信任机制,达到去中心化的效果。毫不夸张地说,纸质合同时代即将被终结。

另外,就目前来说,比特币的成功运用场景令金融机构看到改革自身行业的紧迫性和可行性。一旦金融行业达成统一的区块链行业标准,以及基于某种行规的平台运作起来,社会资产的流通将变得更加清晰和安全。

最后,区块链技术本身强大的稳定性以及可编程的特点,在整合既有的行业和社会运行系统时,只要寻找到适合的点,就能植入进去。但是我们也应该看到,技术的发展是一个不断迭代的过程,就像当年计算机系统或是互联网的不断发展一样。所以,当我们把区块链的所有实验模块都测试完毕,并在实际运用中不断修正BUG,同时进行大规模运用,我们才可以说,区块链真正实现了从技术层面到影响社会生活变化的进程。

从运用实例上来看,区块链技术即使目前还处于萌芽阶段,但是已经在改变社会运行模式上初露锋芒。如图2-5所示。

图2-5 区块链开辟科技和社会变革新局面

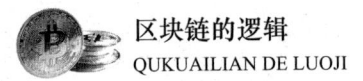

案例一：区块链解决所有权归属问题

由 Ralf Muller 创建的多伦多工业摇滚乐队 22HERTZ，将新单曲的版权用编码方式写入区块链中。他们用标准化功能 OP_RETURN 将新单曲打乱，然后将数据传递到区块链中。

据说，Muller 非常满意这次的区块链保护版权方式。这是他在尝试各种现行的保护版权方式后，最为满意的一次。

案例二：区块链对遗嘱的保存

大多数遗嘱都是在公证人、律师或者相关权威性的中介机构见证下进行设立，同时指定执行人和执行条件等。

作为当事人在身故后才能进行的合约，其有效性和真实性成为最大的困扰；除此之外，还有执行人的能力和对遗嘱的正确解读程度等，都存在模棱两可的可能性。

不过，Blockchain Apparatus 公司开发运用区块链技术在遗嘱问题上的运用场景，将所有遗嘱问题上的不确定签名、不确定内容、不确定公证等一系列不确定因素统统排除。因为区块链技术本身的区块信息中，包含有一切身份识别、信息内容以及"原始状态"内容的文件。

案例三：编入游戏的区块链技术

Spells of Genesis 是一款魔法史诗风格的角色扮演游戏。它成功地将区块链技术、比特币，和游戏的情节、场景结合在一起，创造出在游戏中运用区块链技术的新游戏经济系统。

具体操作是这样的，玩家在游戏中需要魔法球（卡）和装备来进行战斗，这些需求在游戏内外可以由一种合约币来进行交易，交易的过程是在区块链技术中运行；同时魔法球（卡）也参与在区块链中，赋予数字货币的角色。但所有的这些合约币，都有一个唯一的名称，用在区块链上验证其合法性、公正性和真实性等。同时，玩家的设备等也都记录在区块链上，条件成熟时可以进行各种交换。

这款游戏创造了属于自己的新型游戏运行标准。

案例四：区块链支持下的世界公民身份体系

基于区块链技术的初创公司Shocard，利用区块链技术的特点将能证明公民各种身份的信息存储到区块链中，在需要证明身份的各种场合都能随时进行验证和证明，省却现行社会中的各种繁琐的证明机制。

这项技术非常安全，因为它是在基于密码学的技术层面设计的区块链运用。当客户创建Shocard时，除了扫描身份证件和签名外，还会在创建程序上生成一个私钥和公钥来进行记录，同时这些记录信息会被加密保存在链条节点上。

不过这项运用并不是Shocard首创。在2014年的时候，就有Chris Ellis区块链技术人员设计出一个系统，进行身份的线上线下认证。

第三章
区块链的技术逻辑

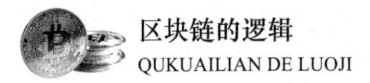

区块链作为比特币等加密货币存储数据的方式，可以用来存储大量的交易信息，并且用区块把每条记录有序链接起来，具有可追溯、数据不易被篡改、安全性高等优势。事实上，这也是比特币在区块链技术的支持下所具有的特点。

但是，如果把区块链放在所有可以运用的行业中看，它具有点对点的网络直达交易、基于数学和加密学的技术、去中心化的分布式账本特点、数据库容错机制等技术；另外，还会涉及到VR、物联网、大数据等。

本章内容，着眼于区块链技术的几个最主要的特征，来解析区块链技术的发展过程。

3.1 拜占庭将军的数学难题

拜占庭将军的难题，翻译成现在的语言就是：在不被信任的分布式网络系统中，如何建立一种机制，令所传递的信息达成共识？

这个数学难题的起源，最初是因为拜占庭罗马帝国时代，国家领土分设为区块，每个区块都设有将军和副官维持统治；由于军队驻扎分布很远，将军与将军之间的联系只能靠信差传送消息。

发生战争的时候，根据当时的国家实力，不同防御区域的将军必须达成共识，分析战争胜负的可能性，再决定是否配合作战。

但是，在当时的条件下，通信不发达，军队中又有叛徒、间谍和狗头军师的存在，也没有手机、电话和电报，至于烽火传递……反正拜占庭将军们没有采用。

所以，这些相隔甚远的将军们，该如何在不受这些客观条件的限制下，就出兵问题达成一致呢？

第三章
区块链的技术逻辑

换个大家耳熟能详的说法,在遥远的拜占庭帝国,有着令人眼馋的香料、丝绸、黄金,还有被强抢过去的佛经。城邦的领主是金角大王,城外的将军是唐僧、沙和尚、孙悟空、猪八戒和白龙马。

守在城外的大将军们为了夺回佛经,他们衡量以后,明白若想攻城成功,就必须要一半以上军队的进攻时间达成一致后才能采取行动。

本来,这五个大将军有个总舵主——唐僧。在关于抢回佛经的战役中,只要总舵主(相当于中央服务器)发话,那么进攻时间就能确定。但是,唐僧居然因为说话太啰嗦而被人打晕。好吧,现在就只有四个互相之间缺乏信任的将军(不被信任的分布式网络)互相协定进攻时间了。

首先,因为互相不信任,所以大家都明哲保身,不会集合在城邦外的指挥高地,大家坐下来开个会,吃点水果、聊聊天什么的,顺便定个作战时间。那么,就只剩下由通信兵进行作战时间的沟通。

这里,因为四个将军彼此之间没有制衡,大家都有自己的主张。比如说,沙和尚觉得晚上十一点攻城是个好时机。猪八戒觉得早上五点攻城最好,想早点打完仗回高老庄。至于孙悟空,他觉得中午十二点是个好时间。白龙马则更倾向于下午三点攻城。

于是,四个将军派出四个通信兵,分别把自己的想法告诉另外三个人,同时每个将军也都收到三个作战时间,加上自己的,一共是四个攻城时间。

那么问题出现了。

在第二轮的时间商榷中,他们必须要把各自选定的时间再次通知另外三个将军。根据数学公式来验算,这样的选择结果就有 256 个。另外,如果佛祖开眼,让这其中三个以上的将军都选择同一个攻城时间,那么这样的结果也要有 64 种,相当于达成共识的 25%。

此时,我们假设选择第二轮进攻时间时,孙悟空盖章签名确定的函件,在由通信兵传递给另外三个将军时得到他们的一致赞同,那么他们不

但会在回执上盖章或者签字,也会同时拷贝合并新信息的攻城时间函件给另外的将军,同理,他们也必须要在后面签字或者盖章。最后的结果是,会有四个表示同意的章,盖在孙悟空发出的函件签名后面。

当然,在整个过程中,会有一部分被扔掉的、不被大家认可的、只有一两个将军盖章的回执。

这四份盖了四个同意章的、肯定攻城时间的回函,必须要有通信兵带给四个将军,表示达成共识。但是呢,在每一次的传递中,处于每个链接中的将军,又如何肯定知道,自己的信息一定会准确无误地传递到下一个将军手里,而自己一定能收到目标将军阅读后的回执,并且保证对方不会背叛自己盖章同意的时间?

而且,在当时的拜占庭帝国中,处于这样尴尬位置的将军数量远远不止四个……如果有十个,一百个,一千个呢?从这样的基础出发,我们可以看到这个数据极其庞大,同时也是充满各种不可信的信息,以及关于攻城时间难以达到统一的矛盾体。

回到区块链的技术上,我们可以把上面的四个将军换成计算机分布式网络中的各个节点,通信兵自然就是节点之间的信息传播者,把攻城时间可以看做是达成共识的信息。那么,达成共识的时候,一方面要防止信息被篡改,另一方面要保证信息传递和收发信息机制的触发节点。

简言之,区块链技术实际上是将拜占庭将军的问题进行模型化处理。首先,在随时都可能出现的状况下,比如说断电、断网等,区块链系统在进行交易的运行过程中,众多节点只能听取一个节点发出的广播,同时建立容错机制,保证那些恶意、篡改、重复等的信息,不会对整个交易造成伤害。

区块链的这一技术原理,在比特币的交易中,得到很好的演示。比特币的共识机制是"工作量证明",这个证明,是计算一个随机哈希算法。对于哈希值来说,本身计算机几乎是即刻就可以算出,但是比特币只认前13个字符是零的哈希值。在获得这样的有效值之前,会有成千上万乃至上亿的字符串被计算出来。而计算有效值需要花费比特网络的十分钟时间。时间的耗费,是为保证整个系统的更新得到同步。

挖出有效哈希值以后,系统会把之前的数据和信息,盖章自己的时间戳,向网络中的其他节点机器广播出去;只要其他机器接收并且验证通过后,它们就会停止自己的计算,使用刚获得的信息更新账本,并且把更新后的区块链作为再次开始计算的哈希数值。

整个工作过程如图 3-1 所示。

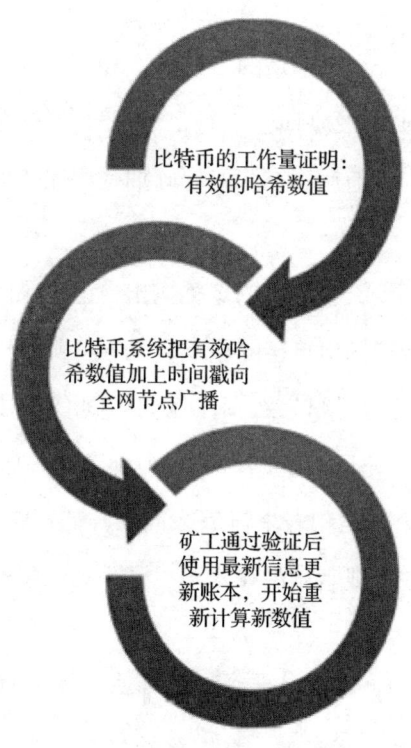

图 3-1 比特币挖矿工作更新

重复之前的步骤。

最后,点对点向网络进行交易时,过程中需要符合比特币认可的标准公钥和私钥来为这笔交易签名(等同于拜占庭将军的签名盖章)。

所以,通过哈希算法和公钥私钥的加密签名等,将整场交易变得可信;扩大范围来看,就是将整个区块链的交易变得可信。

整个流程到了这里,拜占庭将军的难题已经解决。但解决这个难题的技术,完全可以扩展到任何一个有需要的、缺乏技术信任领域的每一个行业。

3.2 去中心化的分布式记账系统

首先,我们来看一个很通俗的小故事。

老王需要租一头牛来耕地。于是,他通过儿子做县太爷的张妈,联系到出租耕牛的老李。随后,在张妈处画押登记完毕后,老王牵着老李的牛,回家耕作了10天。

在交还耕牛的那一天,狡猾的老王掏出自己记录的本子,说自己只租用了5天。阴险的老李掏出自己的账本,说老王明明租用了20天。

然而,不论老王和老李怎么闹,他们中间有个县太爷他妈,而且还有当初租借时立下的凭证。所以,在这个环节中,张妈就相当于权威机构,她说了算。无论老王和老李再怎么记录,都不能撼动张妈的权威性。反之,如果张妈不在,或者她的账本不见了,那么租借后的结算过程就会乱套。

从这个故事中,我们可以把张妈的地位,看做是金融系统的权威机构,比如银行;把老王,老李,看作是参与交易的群体。那么,如果有100个人向老李租牛,都需要找张妈登记,一旦张妈当天不在,这租牛的交易就做不成了；甚至张妈在统一登记中，还可能记错、漏记，或者遗失账本。

可是，如果启用区块链技术，就等同于为每一个租牛的人单独建立一个账本，不需要张妈这个第三方，这就是去中心化；100个人的账本，利用密码手段构建成一个链条，如果丢了某一两个人的租牛账本，也不会对整个记账链条造成太大损失。

在比特币分布式交易过程中，区块链作为其底层技术，完美形成了"去中心化的分布式账本"系统。在全球范围内由各矿工挖矿，使用基于密码算法形成的记账交易规则，无需第三方或者信任机构背书。

事实上，每一笔交易，都需要同一链条上其他用户的允许。因而这样的账本安全可靠，高效稳妥。就算有人想攻击账本，单独篡改某些数据是无效的，并不能妨碍整个链条的正常运行，除非同时攻击50%的节点，但这也只是刚能获得掌控权的开始。

现行的中心化体系中，往往很多数据或者权利集中在一个或者少数几个区域内，一旦中心崩溃，造成的后果不堪设想。但是区块链系统，很好地解决了这个问题。

那么它是如何做到这一点的？

首先，区块链系统有自己的一套协议共识机制。所有的节点都参与到其他节点交易的验证中，只有当整个链条上大部分节点认为新节点的交易是正确可行的，产生的数据才能以区块的形式链接在最后。

其次，作为严谨大数据库的区块链，每一次交易的运行都采用分布式的结构，消息会直接发送给整个系统所有其他节点，并且实时更新，形成一套人人都参与记录信息的分布式记账体系。

所以，就算其中有某些节点崩溃，也不影响整个区块链系统的运行。如图3-2所示。

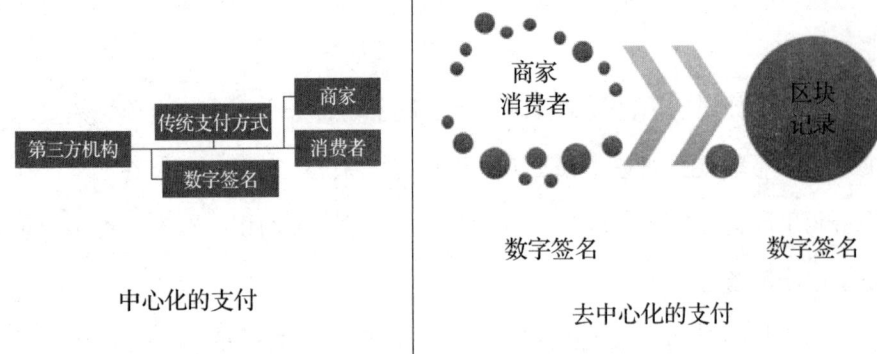

图 3-2 去中心化的分布式记账系统

从技术上来说，区块链技术去中心化的分布式记账系统，核心是基于密码学原理，摒弃第三方信任机制，所有参与的节点共同维护交易和数据库，达成交易的双方顺利进行支付。

目前，去中心化的分布式账本技术在实际中的应用已经逐渐成为现实。

案例一：恒星分布式账本助力跨境支付

恒星是一种开源的支付协议，提供一个巨大的在线账本，可以实现点对点的实时到账，并且不用依附于任何中心化。

当前，跨国交易的手续繁琐，交易费用昂贵，时间耗费还比较多。根据麦肯锡的研究发布，一笔国际支付的平均成本在25—35美元之间。而且，各国银行还存在使用的金融对接技术标准问题，以及人为的手续问题。这些因素都造成现有的国际金融流动性并不是很好。

基于这些问题，恒星认为，数字货币完全可以应付上述难题。另外，因为欧美电子支付基础设施非常强大，因而区块链的真正市场应该是在发展中国家和地区。

因而，区块链技术中，涉及到跨境汇款一旦得到催化应用，对于发展中国家来说具有莫大的吸引力。

案例二：新加坡央行测试发行数字货币

2016年11月，新加坡金融管理局成为最新测试自己数字货币的中央银行。这种数字货币，会在区块链的系统实验中用于银行间的各种跨境支付和转账。

该项目的主要目的，是利用区块链的分布式账本中点对点支付的技术，简化银行之间支付流程，降低交易成本。这项测试，共计有8家银行和新加坡股票交易所参与。

新加坡金融管理局局长孟文能（Ravi Menon）表示："目前而言，银行必须经过代理银行协调这些支付，这需要耗费时间和增加成本。这个项目标志着MAS初步探索利用中央银行发行的数字货币的潜力。"

而这项计划，涉及到创建数字货币，同时主要的试验包括：银行换取中央银行的数字货币，是通过以现金作为抵押。而数字货币在这个系统中，是可以直接相互支付，不用通过MAS发送指令支付，这等同于去中心化。而最后，银行还可以通过赎回数字货币换回现金。

目前，新加坡星展银行、汇丰银行、美洲银行、摩根大通、瑞士信贷集团和三菱东京UFJ银行都是MAS项目的参与者。

至于R3区块链联盟，则同样为MAS项目提供支持，包括货币转账、记录保存和其他功能，同时还建立了R3的新加坡中心。

除了新加坡，中国、英国的央行也一直都在研究数字货币，这种货币可以在区块链上使用，也可以在银行间进行兑换。

3.3 区块链最核心的四大技术

区块链之所以被人们关注,其原因之一是人们普遍认为,今天的区块链技术,就好比 20 年前的互联网一样,经过不断发展,势必会给社会经济带来颠覆式的影响。区块链对世界的最大贡献,就是带来一种具有价值技术的平台。

自从比特币诞生以来,区块链技术作为一种相对复杂的技术,一直都是专业人士在进行研究和推动。那么作为普通人来说,要了解这种技术和概念,可以从最基础、最核心的区块开始。

3.3.1 区块链创建的生态系统

区块链技术就相当于一种新的协议,一种创造信任机制的、可以去中心化的生态环境。

在这个环境中,通过密码学、共识算法、分布式账本技术,以及去中心化的技术、容错机制、良好的安全性等一系列条件,保证数据和信息在区块链技术中获得安全可靠的保存。

价值技术的平台,表现为可编程性加行业类型,其中包括金融的数字资产化。这也是建立在区块链程序的可发展之上。

尤其是智能合约的发展,令区块链的功能扩展到各行业的点对点的价值和信息转移。

例如,在目前的金融行业,对于区块链运用,最基础的概念之一如图 3-3 所示。

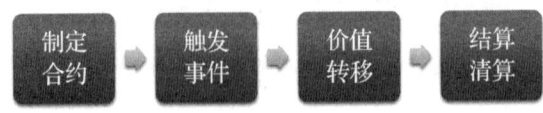

图 3-3 金融行业对区块链的最基础运用

第三章 区块链的技术逻辑

随着区块链技术不断发展，在信息不对等的条件下，创立可信赖的交易、提供元数据、每一步创建所有权记录，以及成为共享经济的分享层等，都是因为区块链的核心技术完全可以支撑得起这样的需求和变革。

案例一：Stremio 将在 WINGS 平台上进行 AdEx 的众筹活动

作为视屏娱乐软件商 Stremio，在 2016 年 12 月 13 日宣布，将使用去中心化智能合约区块链项目创建与管理平台 WINGS 进行 AdEx 的众筹活动。

Stremio 的 CEO Ivo Georiev 说："很兴奋能用 WINGS 平台来做即将开始的 Stremio 众筹。WINGS 的便捷性、比特币和 RSK 智能合约的支持对我们来说是至关重要的。Stremio 将提供一个去中心化的广告网络，即 AdEx，它将通过带来前所未有的透明和信任来颠覆现有的广告业生态。"

Stremio 的 AdEx 特殊性在于，能够提供一个完全透明的广告市场，使得广告投标变得可审计，公平公正，更可以优化投标模型。

至于 WINGS 平台，一方面是去中心化的决策机制，不但可以预测市场，更可以筛选项目质量，进行项目整体评估和风险评估等。同时，WINGS 还能使项目在融资之前，由全球社区审议评估，众筹资金被封存在单独的智能合约中，项目的治理欢迎所有参与者的参与。

WINGS 的核心开发者 Stas Oskin 表示："我们很高兴迎来 Stremio 的 AdEx 作为 WINGS 的 DAO 社区的第一个项目，并接受社区的审议、估值和融资。我们相信区块链技术将会为 Stremio 这样的企业提供传统商业模型所不能提供的优势，即透明度、优化，以及对市场参与者的开发程度。"

这个项目中，区块链具有的信任机制，可以使得交易双方在信息不对等的情况下无需相互信任，只要在智能合约的技术规则之中，同时在去中心化的广告市场的模型下，以及适合的支付手段，就能完成，提升整个投标流程。

案例二:"区块链和加密货币的外星应用"论文

当区块链技术一直围绕着现实中,诸如银行、能源、版权、物流等接地气的行业展开时,印度铁道部的 Kartik Hegadekatti 博士发布了一篇题为"区块链和加密货币的外星应用"的论文,其为一种太空货币提供了理论基础。

虽然把太空和区块链联系起来听上去比较科幻,人类登上月球和载人飞船的技术也只是掌握在少数几个国家中,至于登上火星,人类至今没有实现过。但是,在 Hegadekatti 看来,区块链技术下的数字货币,是在太空中执行的最好方式。毕竟,将纸币和硬币带入太空中不现实。

Hegadekatti 写道:

"当人类的技术成熟,人们能够移居火星,并航至超过 Kuiper(小行星)地带时,外星经济就可通过受控区块链的复杂网络来连接。届时,可以有基于火星区块链的火星币(MarsCoin),或者木星币(JupiterCoin)、土星币(SaturnCoin)、土卫六币(TitanCoin)等等,这些都是基于各自控制的区块链。

"嵌入至火星飞船的强大微处理器可以做'智能挖矿'过程,为一个货币交易系统提供基础。这些嵌入芯片的机器所生产的加密货币,将被用于外星交易,因此,进入太空的机器将为世界经济自动增加价值。"

因而,Hegadekatti 博士认为,即使是在太空中,将发生的交易添加到区块链的系统中也是可以执行的。

从上面两个例子中我们可以看到目前区块链发展态势为:智能合约和不断发展的区块链的可编程性特质,推动了整个区块链技术链接下的世界的进步。无论是从关系到国计民生的行业,还是涉及到外太空等,总之,区块链的技术给我们打开了一个不一样的世界。

那么,区块链技术中,最主要的核心技术有哪些呢?

3.3.2 区块+链=时间戳

首先，我们从专业的角度来解释下名词。

区块（BLOCK）：这是比特币创造的一个概念，可以理解为数据利用这个区块文件永远记录在网络上，新区块会被添加到记录末端，并且一旦加入，就很难修改或者移除。

链：指的是系统中已经达成目的的区块连接在一起成为一条主链，所有参与运行的节点，都承载着主链或者主链的一部分信息。

区块结构：从大结构上来看，每一个区块分为块头（header）和块身（body）。块头连接到上一个区块，并且提供区块链完整数据库需要的保证；块身包含验证身份后，区块在创建过程进行的所有交易记录。另外，一旦新区块加入区块链，该区块的数据就再也不能更改或者删除，除非有人可以进行整条链上高达51%以上的篡改，然而这样修改的代价极其昂贵，得不偿失。这一特性，保证了数据库的严谨。

从比特币的区块和区块链组成图，我们可以很直观地看懂上述专业解释。如图3-4所示。

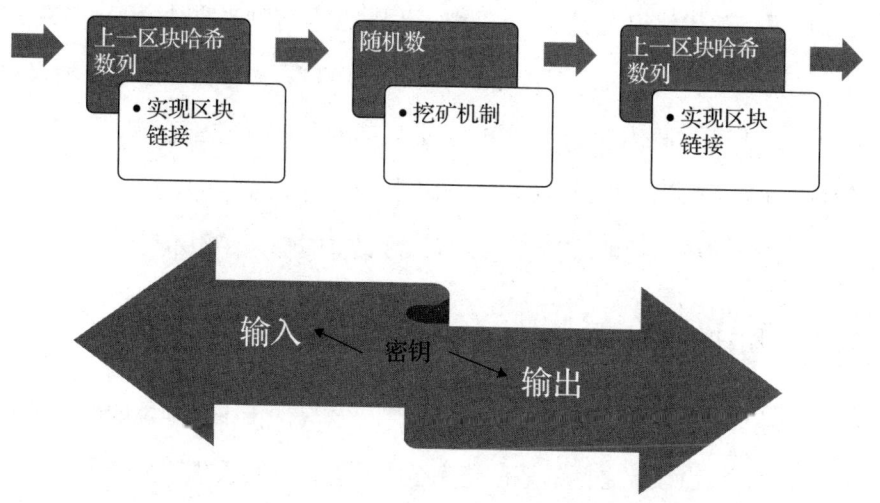

图3-4 比特币的区块和区块组成区块链

为什么说"区块+链"就等于时间戳呢?

首先,以区块形式存在的数据,都含有上一区块的哈希值,并且以此算出下一个区块的哈希值。同时每个区块会以时间顺序依次排列,等于时间能证明每一个区块数据的出现,在该时间段是肯定存在的。因为根据区块的生成原理,只有在该时间段中存在这个区块,才能获取相应的哈希值,并将这个哈希值纳入下一个区块中,同时也实现了上一个时间存在该区块的加强。

通过这段拗口的解释,我们来打个比方,用简单的例子加强理解。

大家都知道元朝后面是明朝,明朝后面是清朝,清朝后面是民国。这已经达成最基本的共识,常识。

那么,清朝是建立在明朝之后,不管清朝皇帝怎么变革社会制度,总之,它是建立在明朝已经发展到一定程度的政治经济文化等一系列基础上。

如果有一天,有人说元朝后面是民国,我相信没人会认为是对的,光考古学家扔出来的那些文物,就够砸死说这话的人了。

这里,朝代就相当于每一个区块,里面包含各种当时社会发展程度的信息;朝代与朝代之间的连接当然不是通过哈希算法,而是通过各种权力的交战,这个过程就相当于"链",最后新王朝的建立都会有一个年号,年号中包含了朝代建立的信息,这就相当于"时间戳"!

从这里,我们就可以总结出,时间戳具有的唯一性和不可替代性。

3.3.3 区块链的去中心化

所谓去中心化,是指整个网络系统中,没有居于主导地位的硬件或者管理机构,节点彼此之间的地位是完全平等的,并且丢失某一个节点,对整个系统的运行都没有影响。

目前，对"去中心化"这一特质，演绎得最好的示范者恐怕就是中本聪本人了，这不，至今寻寻觅觅不得其踪呀。

去中心化，按照字面意思就是节点分散、数据分散、开发人员分散、矿工分散……一切都处于分散的状态中。

然而，事实上，根据最先明确提出"去中心化"概念的中本聪，他的原意表述，"去中心化"是描述一种"过程"，并不是上述从字面意思去理解的"状态"。

为何这样去解读呢？

首先，去中心化的本意，讲得通俗一点，就是在网络信息一切都是公开透明的机制下，人人平等，可以自己决定参与，也可以自己决定退出。就像中本聪在创建比特币第一个区块的时候，他把一切信息都公开，任何人都可以去挖矿，甚至他还提出"一 IP 一票"。

可是，中本聪所说的"一 IP 一票"，并不是指每个人都可以用自己的电脑、自己的手机去挖矿，而是说计算单位代表权利单位。这和他引入的"工作量证明"是前后呼应的。

如果是单纯从"IP"角度来分析他的"一 IP 一票"，那些僵尸网络岂不是轻而易举地占领比特网络，随随便便就能发起 51% 的攻击。

所以说，中本聪提出的去中心化，更多的是一种描述"过程"。

在现实中，当区块链的结构和传统社会管理运行结构并存于同一时空中时，两者的利弊很容易就比较出来。在更多人的理解中，已经实践的区块链技术里的"去中心化"矛头，直接指向传统结构中"中介特权、监管垄断"等。似乎"去中心化"天生就是一个破坏现行社会运行结构的暴力分子。

然而，事实上，区块链的"去中心化"无意于纠正、破坏什么。它只在自己的运行系统中，按照区块链系统规定的"角色"，用最纯粹的"个体意志"来加入到这个系统中,做自己该做的事情而已。

区块链"去中心化"的运行机制,遵循的是客观性存在,就像它的链条生成方式和数据的不可逆性等;同时,参与进区块链系统的交易个体,完全都是站在最平等的地位,拥有的网络资源也是透明公开的。它秉承的是一种技术理性,用技术上的手段达成节点区块的自治,这是基于每个区块的基本同一性。

即便中本聪用"工作量"作为考核标准,单独从计算能力上看可能是有一小部分人的计算能力远高于其他人,但他们从区块链系统中获得的资源依然是和其他交易个体平等,并且共同享有当时当地的区块链信息。

就好比英国国王是世袭的,处于中心化局面;而美国的小布什总统,虽然看起来也是"世袭",但人家是一票一票分布式地选举获得,怎么说也是"去中心化"的竞选成功结果。

3.3.4 区块链的非对称加密算法

关于非对称加密,这牵涉到密码学。首先,是在"加密"和"解密"过程中分别使用两个密码,同时这两个密码并不一致。

简单来说,加密时候的"钥匙"是公开全网(称为公钥),人人都可以用自己的"钥匙"加密自己的一段信息;解密时,只有拥有相应"钥匙"(成为私钥)才能解开。这就保证了信息的真实性和安全性。

在区块链系统中,常见的非对称性加密算法,有RSA、D-H、ECC(椭圆曲线加密算法)等,用于对所有权的验证机制。一般使用的场景,一种是公钥对一段信息加密,私钥用于解密,解开后可以使用信息价值;另一种就是私钥用于信息上的签名,公钥用来验证签名,验证通过后,才能确认这条信息是私钥拥有者发出的。

从这里,我们可以看到,用密码学和数学的运算,解决了传统社会中需要第三方背书才能稍加放心地进行下一步交易的步骤。所有人只要根据运算,就能建立信任机制。

另外,在交易过程中,每个区块都遵循统一的加密原则,但读取时却仅限于自己解密的那一部分。因此看上去分分钟区块链在更新,但是若非局内人,一定看不懂。

关于这一核心技术,我们可以想象一下。莎士比亚名著《罗密欧与朱丽叶》中,假设朱丽叶打算服用神父的毒药,伪造成自己自杀死亡的效果。于是她通过自己的私钥创建一段信息,留在罗密欧可以看得见的棺材、墓碑等上面,然后放心大胆的"死去"。

等到罗密欧来找朱丽叶时,哪怕神父来不及告知他朱丽叶是假死,只要他看到朱丽叶留下的这一段话,通过自己手中掌握的公钥,运算验证这一段信息确实是朱丽叶发出的,那么他也不用去自杀了,安心等着朱丽叶醒来就好。如图3-5所示。

图3-5 非对称性加密

于是从此以后,罗密欧和朱丽叶快快乐乐地生活在一起。

3.3.5 区块链的可编程脚本

可编程脚本,是指在交易的执行过程中,将自动化的可编程语言通过代码强行植入预先设定的指令中,令交易在自动性和完整性中得到执行。

从很大程度来说，区块链系统中的脚本可以理解为智能合约。因为每个被验证通过的区块都作为平等个体加入，所以在共识的统一中，可编程脚本不可或缺，有了它，系统能处理一些临时发生的交易问题，保证技术的可发展性。

这些列在脚本上的指令，记录在每一次的价值交换中，总体来说是关于接受方需要满足哪些条件才能获得被转移的价值。一般来说，当价值持有人证明自己有转移价值的资格时（一般是用公钥和私钥），才可以发送价值脚本到对象处，此时的脚本可以根据价值持有人的意愿增加或者减少条件。

比方说，小美在国外，需要5万美元的学费。他父母给她钱时，在脚本处增加一条指令：只能转入学校账户用来交学费。那么这笔钱，小美就不能挪为他用。

区块链脚本的可编程特质，有利于优化交易的组织形式，保证系统的延展性和实用性，提供可靠的技术保证。

例如下文的几个案例，是典型的区块链核心技术运用。

案例一：联合信任时间戳服务中心成立

2016年8月19日下午，由联合信任时间戳服务中心、虹光、Adobe、世纪影源等行业巨头共同举办的"2016可信时间戳云服务暨区块链应用技术发布会"圆满举行。这表明可信时间戳云服务落地执行，开启"TSA认证"全覆盖化时代。

在发布会上TSAscan的演示环节中，所有与会人员都见证了TSAscan高速扫描仪，其可以将纸质影像文件扫描后立刻进行可信时间戳固化，实现纸到电子的即刻转换。

案例二：票据区块链分析解读电票案例

2016年8月，工商银行遭遇13亿元的电票诈骗案。不法分子的操作流程是利用虚假材料，在工商银行廊坊分行开设河南焦作中旅银行的同业银行，并以中旅银行为承兑行，利用工行电票系统代理介入的方式开具13亿元电票，最后该电票辗转到恒丰银行转贴现。

恒丰银行内部人员称，因为有大行（工商银行）的信用背书，他们也没有想到过会遭遇被骗，至少相对于纸票，电票还是更加规范的。

不过幸好后来工行的工作人员在账户监测中发现问题，避免了这一损失。但是从这次的事件中暴露出一个问题：同业户和电票代理接入机制问题很大。

结合区块链技术，一旦票据区块链开始推行，上述的问题基本都可以避免。

首先，票据的整个流转过程包括了承兑、流转和托收三个核心环节。那么在承兑环节上，票据区块链不需要与中心的ECDS系统进行信息和数据的交换，等同于运用了区块链技术的"去中心化"。如图3-6所示。

图3-6 票据流转过程

另外，现有的模式主要是企业主通过网银连接入ECDS中，一旦U盾被盗，就可能产生财产隐患。但是票据区块链则是每个节点都有专属的

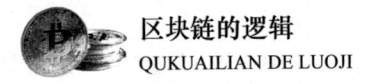

私钥,如果私钥被破解,数据会进行整个链条的传播,基本上断绝了资产被盗的可能性。同时,票据区块链的时间戳很好地证明了票据权利的归属问题。

其次,在流转过程中,传统的电子票据是包括企业间的流转、贴现、转贴现、再贴现等业务。如果使用票据区块链,可以利用区块链技术中"可编程"的特点,通过编写程序对业务本身的设置和要求,在符合条件的时候自动触发交易流程。同时在交易场景中,通过公钥和私钥的匹配,完成点对点的交易,实现价值传递的去中心化。

再次,关于托收环节,由于在承兑时已经在编程过程中写入规定的代码,所以托收环节在符合条件下自动触发申请,并且在这一流程结束后,信息记录会在区块中保留,形成具有追本溯源、逐笔验证的数据。

从上述三个环节中对传统的电子票据进行变革后,我们可以很清晰地看到,这桩工行的13亿元的电票诈骗案,一旦使用票据数据链技术,可以从源头上得到控制。

第一,"去中心化"的特质,可以使工行的背书这一行为直接从区块链的技术上进行省略,自然也不会存在因为是大行背书所以就放松警惕。

第二,由于票据区块在每个节点和每个区块都有每一次的交易信息,同时也有公钥和私钥的保证,根本无法造假。因为不可能凭空出现一个交易。

第三,客户在对自己的资产进行修改时,首先信息会传播到整个网络,其次只有超过51%的其他客户端记录后,交易才能成功。因而如果有人说进行节点上数据的篡改,那么他必须要能控制51%的节点,否则数据库的篡改是无效的。这从成本上来说代价太高,更何况面对的是不断扩充的节点。

从本质上说，当票据区块链加入的节点越多，整个系统就越安全，数据稳定性和可靠性非常强大。

所以说，票据造假的事情，在票据区块链中基本是不存在的。

案例三：以太坊去中心化淘宝智能合约

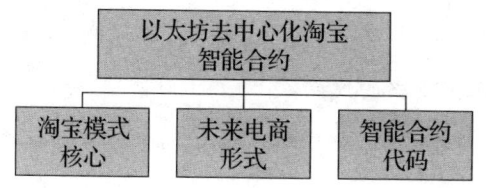

图 3-7　以太坊去中心化淘宝智能合约

要充分解读以太坊去中心化淘宝智能合约，我们首先可以从淘宝模式的核心来考虑。淘宝的成功原因有很多，但其中有一个亮点，就是支付宝（资金中介体）让交易变得放心，买卖双方直到交易达成一致时资金才会充分流动。

但是，淘宝模式的弊端也有很多，最严重的就是电商的信誉问题。在这个信誉可以刷的机制下，不单单是淘宝，只要是运用传统平台的电商，都会有这样那样的信誉问题。

而以太坊去中心化的淘宝智能合约，已经具有未来电商的雏形。

首先，以太坊是建立在区块链技术的底层支持之上。它本身拥有的去中心化特质，一方面可以由智能合约来代替支付宝，促使交易安全完成；另一方面，所有交易数据都存储在区块中，这是一种无法篡改的数据，是最真实的。交易在不断进行，数据在不断增长，同时全球性也顺理成章地同步达成。

以太坊的去中心化的淘宝智能合约，做到了淘宝或者其他电商一直以

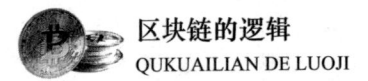

来无法解决的难题，例如信誉体和国际化。究其本质，是因为以太坊的智能合约平台采用的是区块链技术，利用区块链技术的天然优势解决淘宝等电商的问题顽疾。

案例四：La'Zooz 深化拼车概念的去中心化

区块链技术的本质之一，就是去中心化的分布式账本。La'Zooz 公司将这个概念挖大挖深。在不盲目增加车辆数量的基础上，尽量利用现代化基础建设，同时保证价格的便宜。

但是与 Uber 等公司不一样的是，La'Zooz 公司更关注的是社区贡献。所谓社区贡献，就是在使用 La'Zooz 公司服务的社区内，资源分配方式完全由司机和乘客决定，并且使用 Zooz 货币进行交易。

在这个过程中，是完全去中心化的，同时也不需要第三方认证，价格更是低到可能只是同等路程的 Uber 的十分之一。

类似于比特币的挖矿机制，La'Zooz 社区的开通，是通过想成为 La'Zooz 司机的人，在打开手机并且驾驶超过 20 公里后，获取一定的 Zooz 代币，同时推荐新用户和分享这项服务也能获得代币的基础上，当通过计算得出这个区域已经达到可以开启 La'Zooz 服务后，拼车和其他智能服务就会自动触发并进行运用。

注意，在这个过程中，都是使用 Zooz 代币。在对 Zooz 代币的调控上，La'Zooz 参考了比特币的优缺点，尽量做到扬长避短。

La'Zooz 不只是把"去中心化"这个概念实践起来，更是和社会生产连接，同时创造出一种类似"乌托邦"的社区环境。

这一切并不是不可行，在条件成熟的基础上，一切皆有可能。

3.4　区块链是比特币的底层技术

本书所写的区块链,是作为比特币的底层支持技术出现的。而关于比特币,我们在这一节中,将会进行比较详细的介绍,以此来说明区块链的伟大之处。

虽然比特币诞生时只有在极小范围内引起关注,随后又因为被贩卖毒品和军火的"丝绸之路"网站利用为交易货币,有了一段不光彩的黑色历史,然而最终,比特币还是走向了世界。

3.4.1　比特币的春天

2008年11月1日,一个叫中本聪的神秘人,在一个隐秘的密码学讨论组上贴出一个白皮书,指出自己已经设计出一款新型的数字货币。

而这款数字货币的出现,将困扰密码学十年之久的难题也顺带解决了。

之前,由于互联网的飞速发展,数字货币也因为其本身的方便和难以追踪性,一度成为技术客们津津乐道的话题和研究的方向。然而,随着对数字货币的深入研究,一些当时无法解决的难题,阻断了电子货币的发展。

这些难题,包含了当时的数字货币无法解决如何摆脱对政府和现有金融行业设备的依赖,以及无法解决"双花"问题。所谓"双花",就是重复支付。

因为数字货币没有实际载体,在虚拟的网络中如何解决骗子们重复、反复地花呢?传统的解决方案,是在有中心化的监管下,通过中央票据交换所将所有交易汇总成实时总账。这样在对方账户中,每花去一个数字货币就少一个,不可能重复使用。

但是，由中本聪提出的比特币设想，是由每一个提供算力的用户运行同一个软件，或者是兼容的软件，根据技术规则，在区块链的生态环境中，最先算出链接上一个区块的用户可以获得相应的比特币奖励，同时生成相应的区块并链接到上一个区块中。

在这期间，所有节点用户的账本都会得到一次更新，保证信息的及时、准确。如图3-8所示。

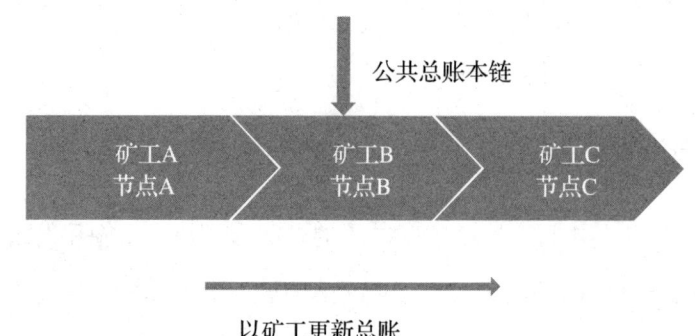

图3-8　区块链下的比特币账本

中本聪设定的比特币，大约维持在每个交易区10分钟左右产生一枚。每到21万个区域，奖励就减半。从最初的50个比特币，先减半到25个，再减半到12.5个等等。

根据这个规则，到2014年，比特币达到了预定的2100万枚上限。

2009年1月3日，中本聪在"创世区"挖出50枚比特币。渐渐的，比特币开始得到一些业内人士的赏识，被认为具有"改变世界的潜力"。

最初，比特币爱好者，例如美国新英格兰编码员加文·安德烈森出于好玩的心态，花50美元购买了10000枚比特币随便送人，顺便还建了个"比特水龙头"网站。

而美国佛罗里达州程序员拉斯勒·豪涅茨，把10个比特币发给英格兰一个比特币志愿者，然后收到对方花信用卡在现实世界给他订的一份披萨。

另外，美国马萨诸塞州一位叫大卫·福斯特的农民在卖羊驼毛袜时开始接受比特币付款。

从2009年到2010年年初，比特币毫无价值。到了2010年上半年开始，有了交易后，一个比特币的价值小于14美分。

然而，到了2010年夏天，比特币交易迎来黄金时期。2010年11月初，一个比特币的价值从29美分上升到36美分。而到了2011年2月，比特币和美元的兑换率达到了1∶1。

此后，比特币基本稳定在87美分左右，也曾经涨到1.06美元。后来，随着《福布斯》在《加密货币》上的报道和各方面的刺激，比特币一度飙升到1∶27美元。当时，整个比特币国市值约为1.3亿美元。

这时，比特币获得了全世界的瞩目，通常这样的关注，只有硅谷IPO和苹果发布时才会有。知名风险投资家弗雷德·威尔森认为互联网下一项大事件是"社会剧变"，他举了四个例子——维基解密，破解PS，阿拉伯之春和比特币。

由于比特币的价值忽然攀升，矿工们越来越多，挖矿也变得越来越流行。随着竞争者的增加，收益开始变小。于是，逐渐演变成"装备竞争"。

第一批矿工们，用的是自己现有的电脑；而新一波的矿工们，则是开始配置起高CPU的电脑，24小时开挖。就好像美国从前的淘金热一样，比特币在全球范围内掀起一场挖矿热。

3.4.2　比特币的灾难

在一片欣欣向荣的气氛中，比特币的灾难开始萌芽了。自从"丝绸之路"网站被查出贩毒和贩卖军火武器，并且是以比特币作为交易货币，开

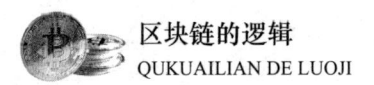

始有社会舆论认为,比特币的发展会引发"网上洗钱"的趋势。

与此同时,对中本聪的个人崇拜开始萌芽,甚至开始有了比特党,推出中本聪的同人小说和漫画,以及要求把比特币最小单位设置为"聪"。

一般情况下,比特币是存在用户电脑里。但是,当比特币的价值一路飙高时,越来越多的用户开始纠结比特币放在哪里。

尽管用户们通过创建多重备份、加密、U 盘等形式,以及云存储和保险柜等保护自己的财产,但是也有老马失蹄的时候。

这时,出现了一种针对新型货币的金融服务产业。这种业务在后来被证明完全不可靠,但是在发展初期,还是获得了一部分人的信任。最激进的自由主义者称呼这种第三方的金融服务,比联邦保险机构更加安全。

然而,很快,令人不安的事情就发生了。一个自称是 Allinvain 的人,说自己的 2.5 万枚比特币被人从电脑里偷走了。没过多久,一名黑客巧妙地进入东京的交易站点 Mt.Gox。这个站点,掌握着全球 90% 的比特币交易。

这时,黑客大量抛售比特币,一度把比特币的兑换率拉到接近于零,使自己有机会大量买进别的用户的比特币。

虽然最后市场力量联合起来,令黑客只拿到 2000 枚比特币,但是,这是对比特币的交易市场上一次沉重的打击。从此,比特币很长时间内都没有回到过 17 美元以上。

事件发生后,很多人开始质疑比特币的安全性;同时在使用比特币的时候,也逐渐认为在获取、保存比特币时没有那么地便捷和令人安心。

事情到了这里,还远没有结束。

波兰的 Bitomat 是世界第三大交易所,然而被人改写了整个比特币的存储记录,导致有些用户现有的全部比特币丢失了。没过多久,比较有名的比特币存储服务站点 MyBitcoin 爆出席卷所有存储的比特币跑路了。就当大家都认为是网站所有者干的,MyBitcoin 拥有者却现身声称自己的网站遭到黑客入侵。

一时间,闹剧纷纷扬扬,只是因为比特币的价值已经越来越高。

而此时,比特币的创造者中本聪却一直保持沉默,仿佛消失在茫茫人海中。然而比特党们不想放弃中本聪创建的世界,还有人在不断鼓动华尔街的人使用比特币。

这时的比特币,矿工们在抛售自己添置的高端设备,Mt.Gox 转为开发 POS 硬件,比特币在灰色市场的应用也越来越成熟……虽然这不是中本聪的本意。

如果说,按照加德纳的"光环曲线"来看,比特币正经历了"技术萌芽期""膨胀高峰期""理想破灭低谷期",那么,比特币的"复苏期"和"生产稳定期"应该也是在不远了。

但是,从另一种意义上说,这样的想法也并不完全正确。根据比特币的规则和区块链技术的核心,以及当时挖掘比特币的矿池掌握在少数几个大矿场手里,事实上,只要他们联合起来,就可以控制整个比特币网络。

3.4.3 比特币被理性对待

在经历了比特币高低起伏的经历后,越来越多的人开始用理智的眼光来审视这一世界上最为坚挺的数字货币。

比特币发生的一系列大事,让部分投资者遭到资产损失。但是,比特币依然处于早期发展阶段,它的后劲很足。这一点也使更多人认为,虽然有风险,但是也更值得投资。尤其是在随着区块链技术和比特币挖掘、使用领域的进一步拓宽,比特币的优势越来越显示出来。

从 2008 年开始,比特币引发了新一轮数字货币的热浪,它的独特性,让数字货币代替金钱、实物货币或者商品成为可能。

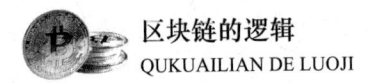

如今,比特币的价格一涨再涨。于是,人们在重新审视比特币的时候,部分人群开始有意识地把比特币和黄金做比较。

黄金作为货币,具有持久性、易分割性、稀有性和可交换性等特点。而这些货币特点,比特币也具有。于是,很多比特币的研究者认为比特币和黄金具有相同性。

例如,比特币ATM公司Netcoins的CEO Michael Vogel将比特币比作黄金,并表示他一直将比特币视为黄金的数字替代物,而且大多数黄金投资者也会对比特币有相似的感觉。

Overstock.com的首席执行官帕特里克·伯恩(Patrick Byrne)认为:"黄金将是过时的,因为它并不是数字化的。比特币似乎是下一个最佳的选择,也许它会比黄金更好,因为你可以将它发送到整个银河系。"

到2016年12月份为止,比特币的价值一直比黄金价格高。有专业人士认为,这是因为比特币在行业内的概念还是比较新,而且远不如黄金稳定,价格的上下波动也属正常。但是,随着比特币影响力的进一步扩大,使用比特币的人数增加,这种数字货币也会慢慢稳定下来,最终可以平稳在一个比较适合的幅度。

而人们对于比特币的认知和使用,也在不断加深。

案例一:印度废钞运动后比特币受到追捧

印度政府宣布废钞运动是为了限制"黑钱",跟踪洗钱或者偷税漏税等非法金融活动。但是,印度政府的政策,在无意识之间促进了比特币价值的上涨。

原因很简单,正如《精通比特币》作者安德里亚斯·安东诺普洛斯(Andreas Antonopoulos)所说,"从本质上来说,现金才是透明的、私有的P2P货币形式。现金能允许个体在当地社区内进行交易,然而这种货币形式即将被数字交易取代。因为政府可以实时监控数字交易平台并随时能够充公其中的财产，这类平台是可控的，允许采用负利率。"

作为数字货币的比特币，既有现金货币的特点，又有数字货币的特点，例如高度的隐私权。

如果是使用比特币，那么政府的这些政策，用户们就能很轻易地避免。

在印度废钞运动发生后，大量的印度人群开始使用比特币。值得注意的是，印度的比特币用户是因为需要才开始使用，这和之前使用比特币的人群主要出于好奇的心理有本质区别。

案例二：千禧一代不信任银行却更关注比特币

2016年，国外发布了一份《千禧一代+金钱：初步探索之旅》的白皮书。白皮书中显示，在现时，年轻人对传统银行的看法和他们的父辈们已经很不相同，大多数人表示，他们不会相信银行。

之所以会有这样的想法，是因为这些年轻人对金融机构的操纵、垄断和控制非常反感。而且，前一阵，印度突如其来的废钞令，更是让年轻人对金融行业的垄断行为深感不满。

研究报告指出，大约有超45%的千禧一代，试图寻找代替银行的解决方式。如今，越来越多的用户偏向于数字支付。

根据调查显示，比特币支付解决方式是千禧一代和全球青年一代认为最为实用和最可行的替代品，在他们看来，比特币金融自由，特有的区块链技术可以防止当局和金融机构的控制。

根据年轻人的心理，一旦有超过一半以上的人认可比特币，那么剩下的一小半，迟早会跟上大部队的节奏。

案例三：委内瑞拉宣布废钞，比特币坚挺

从2016年6月起，委内瑞拉的经济开始急速恶化，通货膨胀导致法币价格一路下跌，如同废纸。

到9月时，市民要外出购物，必须要拿上麻袋装的纸币出门。例如，按照当地黑市汇率来算，一份价值3.9美元的地铁午餐，已经相当于委内瑞拉最低工资的10%。而国内大部分雇员都只能拿到每月不足40美元的最低工资。

然而，委内瑞拉政府在废除了当时最高面额100Bf的纸币后，计划发行面额20000Bf的货币。这一点让大多数人陷入惶恐中，担心意味着更高的通货膨胀和随之而来的社会动荡。

和印度实行废钞令一样，委内瑞拉对比特币的需求突然增大。根据统计，在之前的半年时间内，委内瑞拉用户在比特币网站的购买量激增10倍。另外，因为该国电力非常便宜，于是越来越多的创业者转为比特币矿工。可是，在委内瑞拉，比特币挖矿是属于非法行为，因而从事该行业的人群只能偷偷摸摸进行。

除了印度和委内瑞拉，还有很多的国家都面临法币贬值。很难想象，当其他国家看到印度和委内瑞拉民众在废钞后如此解决问题，是不是也会跟风效仿。不过，在每次发生这样的事情后，比特币在全球范围内的需求都会上涨。

根据上面的案例我们总结下来，比特币在现代社会经济的发展中，已经成为一个不可缺失的数字货币代言人，甚至在很多人的心目中，很有可能是现实货币的接班人。

3.5 神秘的比特币之父——中本聪

如今,全世界持有比特币的人群已经超过数百万名,2016年9月下旬的某天,全球交易24万"枚"比特币,按照当天的比特币美元价格计算已经高达5600万美元。

数字货币如今已为全球各大银行争相研究,创造了目前为止最为成功的比特币的中本聪,也在2016年11月被提名为2016年诺贝尔经济学奖的候选人。

然而,不管人们怎么对他进行人肉搜索,也不管比特币在现实世界里遭遇了什么,总之,神秘的中本聪在2010年以"中本聪"的身份在比特币社区露面后,他就彻底消失了。

世界上没有人能找到他。

3.5.1 中本聪和比特币

2008年11月1日,塞托西·中本聪(Satoshi Nakamoto)在秘密讨论群"密码学邮件组"里发了个帖子:"我正在开发一种新的电子货币系统,采用完全点对点的形式,而且无须受信第三方的介入。"

2009年1月3日,中本聪发布开源的第一版比特币客户端,同时他通过"挖矿"得到50枚比特币。

这50枚比特币产生的区块,就叫"创世区块"。

2009年1月12日,中本聪向密码学家哈尔·芬尼转了第一笔比特币的账,这是创世纪的举措,因为宣告了人类历史上第一次摆脱中心化金融机构的背书,完成的点对点交易。

可以说,因为有了中本聪,所以有了比特币,所以区块链的技术被人们所重视起来。

那么，这么厉害的中本聪，他到底是谁呢？关于这个神秘人物，在所有一切都不能确定的现在，并且很可能对中本聪真身一直猜测下去，我们唯一可以确定的是，他把"去中心化"的本质发挥到了极致。

首先，我们交代一下有关他的少得可怜的基本信息。

姓名：中本聪，男or女？他还有个日本媒体给起的名字，叫中本哲史。他的生日是1975年4月5日，这是他在发布比特币白皮书的网站上填写的注册信息。

根据媒体爆料，据说中本聪非常喜欢搜集火车模型。

这是为什么呢？没人知道。个人癖好呗。

据说，中本聪拥有一个类似于尼伯龙根人的宝藏，里面存放海量的比特币。这个宝藏放到中国，就相当于是沈万三家的聚宝盆那么厉害。

那么，到底谁是中本聪呢？

2012年5月，日本数学家望月新一被指认为是中本聪，不过他否认了。

2013年2月，前乔治华盛顿大学教授Nick Szabo被指认为中本聪，但他也否认了。

2014年3月，新闻周刊记者Leah McGrath Goodman认为自己找到了中本聪。据说他是日裔美国人，全名多利安·中本。多利安也否认了。后来中本聪也在网上发表消息，声称他不是多利安。

2015年12月，澳大利亚学者克雷格·史蒂芬·怀特被认为是中本聪。而一开始，这名澳籍学者是承认的，但随后他又否认了。

所以，中本聪到底是谁呢？

在一个比特币的聊天区里，有人说，中本聪"Satoshi"在日语里是"智慧"的意思。还有人说，中本聪不会是日本人，不然怎么能说那么地道的英语。另外，也有人暗示，中本聪其实是一个神秘团队组织。这样强大的比特币设计，个人是绝对没有办法完成的。

中本聪基本上从不透露自己的个人信息，他和所有人交流的信息，只限于源代码和比特币的技术交流。而 2010 年 12 月 5 日，原本只是参与讨论比特币业务的中本聪，居然参与讨论是否要求维基解密接受比特币捐赠。

"不，不要这样做。"中本聪在比特币论坛里发帖说，"这个项目需要逐步成长，这样软件才能在这个过程中不断增强。我呼吁维基解密不要接受比特币，它还是一个萌芽阶段的小型测试社区。在这个阶段，如果不能妥善处理，只会毁了比特币。"

然后，中本聪就又消失了。在 2010 年 12 月 12 日 6 点 22 分，中本聪在论坛里发了最后一个帖子，写了关于软件最新版本的几个细节，随后他的电邮回复变得越来越不稳定，最终彻底消失。

甚至连比特币连续遭受到攻击，都不能使得中本聪露面。

有人说，中本聪可能是个受过老式训练的大学教师。因为他的标记风格在上个世纪的八九十年代很流行。所以，他的年纪可能是 50 岁左右，上下浮动不超过 10 岁；当然，也有人说，中本聪根本就是一个团队。

然而，不管大家怎么寻找、怎么猜测，中本聪依然不会现身。

不过，就算中本聪本人现身或者不现身，其实对于比特币和区块链的技术都没有任何的影响。毕竟，中本聪在不在那里，这比特币的代码还是摆在那里。

3.5.2 中本聪的白皮书对区块链的阐述

从中本聪最初发表的只有九页纸的白皮书简介来看，基本上已经把区块链技术的核心内容提炼出来了。

下面这段话，摘录自中本聪白皮书译文的简介：

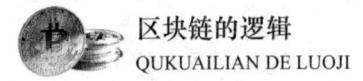

互联网上的贸易，几乎都需要借助金融机构作为可资信赖的第三方来处理电子支付信息。虽然这类系统在绝大多数情况下都运作良好，但是这类系统仍然内生性地受制于"基于信用的模式"(trust based model) 的弱点。我们无法实现完全不可逆的交易，因为金融机构总是不可避免地会出面协调争端。而金融中介的存在，也会增加交易的成本，并且限制了实际可行的最小交易规模，也限制了日常的小额支付交易。并且潜在的损失还在于，很多商品和服务本身是无法退货的，如果缺乏不可逆的支付手段，互联网的贸易就大大受限。因为有潜在的退款的可能，就需要交易双方拥有信任。商家也必须提防自己的客户，因此会向客户索取完全不必要的个人信息。而实际的商业行为中，一定比例的欺诈性客户也被认为是不可避免的，相关损失视作销售费用处理。而在使用物理现金的情况下，这些销售费用和支付问题上的不确定性却是可以避免的，因为此时没有第三方信用中介的存在。

所以，我们非常需要这样一种电子支付系统，它基于密码学原理而不基于信用，使得任何达成一致的双方能够直接进行支付，从而不需要第三方中介的参与。杜绝回滚 (reverse) 支付交易的可能，这样就可以保护特定的卖家免于欺诈；而对于想要保护买家的人来说，在此环境下设立通常的第三方担保机制也可谓轻松加愉快。在这篇论文中，我们将提出一种通过点对点分布式的时间戳服务器来生成依照时间前后排列并加以记录的电子交易证明，从而解决双重支付问题。只要诚实的节点所控制的计算能力的总和，大于有合作关系的 (cooperating) 攻击者的计算能力的总和，该系统就是安全的。

……

他的这篇白皮书指出，未来会有一种建立在网上的点对点的新支付方式，这种支付方式是以区块链技术为支持；目的是改变现有支付体系中的繁琐程序，以及不公开、不透明和不健全的弊病。

白皮书在讲述完与比特币有关的系列设计标准后，为实现这些目标，在第三章中对设计模式进行了技术描述。

首先，他对区块和链进行了专门的阐述。中本聪对每一个区块都进行基于数学原理的哈希加密，并且每一个区块都能和之前的数据块的加密哈希值合并，保证了整个链条的延展性。而如果试图改变前一个区块或者区块内的其他数据，则区块签名就无法对应上。

在第四章，白皮书论述了点对点交易的可能性。它利用工作证明来证明时间戳服务器的布置，而不是建立区块链。

整份白皮书，除了这两个章节对区块链进行了相对薄弱的介绍和定义外，其他部分的章节都是在阐述基于区块链基础上的比特币的内容。

由此我们可以认为，中本聪一开始对区块链的定义，就是一种应用模式，而不是基于普遍的结构模式。但也正因为如此，区块链技术才会有更广泛的发展前景，它的整体构架可以顺应各种行业的需求，在核心内容的主导下，灵活地进行专业化的技术支持。

例如，在白皮书中，并没有明确提出"智能合约""可编程""数据库"等字眼，但是这些后来被广泛重视的区块链技术，也是基于中本聪最初提出的区块链技术的发展。

我们可以相信，在对区块链技术的不断运用和发展中，必将会有更多更好的技术运行在区块链技术之上。就相当于在一个成熟稳定的技术平台上，搭载各行业更好的运行。

3.5.3 中本聪利用区块链制作出来的比特币

比特币正式产生于2009年1月3日，由中本聪设立第一个创世区块，标号是0。创世区块开始时是"阶段1"，每个区块产生50个新的比

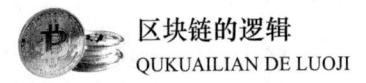

特币。

从2012年11月28日开始，编号为210000的区块产生，从此比特币的区块大步迈向"阶段二"，每个区块产生的新的比特币数量为25个。

从此以后，每210000个区块生产出来后，单位区块产生的比特币数量都会减半。

从中本聪设定好的运算强度来看，大约每10分钟产生一个区块。

比特币最终产量大约是2100万个。最开始，它的价值并不高，只是0.3美分一个币，相当于2毛多人民币一个比特币。

这种状态一直持续到2012年。当时美国警方破获了一桩毒品案和军火案，结果在审查时发现犯罪分子居然是用比特币在进行交易。直到此时，比特币才开始引起大众的关注，购买比特币的人忽然飙升。于是比特币的价值也水涨船高，到2013年，涨到8000元人民币一个比特币。

随后，开始涌现众多各种各样的所谓数字货币。但是，并不是每一种所谓的在互联网上发行的钱币，就叫数字货币。就好像小明的妈妈是女性，但并不是所有的女性都是小明的妈妈一样。

中本聪用区块链技术创造出来的比特币，才是真正意义上的数字货币。

首先，中本聪开放了比特币的源代码。开放了源代码，意味着全世界的人都可以对比特币的发行总量、渠道和方式等全透明地知晓。这是一种公开的、透明的、健康的发行模式。

为什么说中本聪开放源代码，能获得全世界的人信任呢？同时，这也是建立信任机制的一个必要行为之一呢？

打个比方，小明是养殖大户。他的鸡场里一共有一万只鸡，并且每只鸡都打上属于自己牌号的跟踪标识，超过这一万只鸡就没有牌号了。而且，这一万只鸡在哪里、去了什么地方、被什么人买了，全部都是有据可查（相当于区块内存储的交易数据）。就好像中本聪开放源代码，把这些识别全部公布，接受全世界的监督。

所以，中本聪的比特币，和后来兴起的那些遮遮掩掩、源代码都不敢公开或者是公开一半的数字货币，是有本质区别的。

其次，在区块链技术的支持下，中本聪对比特币的出现是采用工作量的方式进行限制。并不是用现行世界的货币，一手收现金，一手发行比特币。这个工作量，是根据运算能力来进行判定。

比特币被解密出来后，本身也是无形的，它只是一串数字代码，存储在互联网上。而比特币的买卖交易是全球化的，就相当于挖比特币的范围也是全世界一样。而当交易对象限制在某些特定对象时，就不能完全行使货币的功能和职责。

另外，比特币的存储，我们都知道，是在区块中，这个区块就相当于是一个钱包，那么这个钱花出去，也是从 A 的口袋到 B 的口袋，中间不需要任何中介的背书。

所以，在这个过程中，全世界的银行都在瞬间失去了作用。这场点对点的交易，是由区块链上节点的交易者说了算，不需要任何机构的掌控。

这一点，在区块链技术中，又叫"去中心化"。

结合上面的各点，我们可以认为，中本聪根据区块链技术创建出来的比特币，是真正的虚拟货币，具有投资价值。

随着比特币发展到快第十个年头的时候，全世界对于这种数字货币的态度已经有了很大的转变，尤其是在世界经济现行的货币体系已经不能完全支撑经济运行的时候。

案例一：激进分子认为比特币会取代传统央行运作模式

科技先锋约翰·迈克菲认为，自从中本聪推出了比特币，这意味着货币市场上，那个潘多拉魔盒已经被打开。

在他看来，随着世界经济的进一步动荡，加密货币的影响力将进一步扩大，最终会以其优势取代传统央行发行的货币。

约翰·迈克菲在采访中说道："市场经济能够进行自我调节。这个功能在美联储出现之前就已经存在，就算美联储最终消失它也将继续存在。无论自由主义者或其他人最终能否废除美联储系统都是毫无意义的，因为加密货币出现了。我保证，就像潘多拉的魔盒一样，一旦打开就不可能收回。美联储最终一定会消失，实物货币也会消失，整个世界或许暂时会陷入危机。这就是事实。"

比特币的狂热支持分子认为："政府不可能（对加密货币）进行所得税征收，因为他们查不到任何人的任何收入记录。这种情况听起来可能很奇怪，但它已经出现，美联储也注定被淘汰。他们不可能在电子货币的世界存在。我们的世界充斥着数字交易，数字'胶水'将一切事物联系在一起。你觉得纸币或者金本位在这样的世界里还有意义吗？完全没有。"

然而，以约翰·迈克菲为代表的这群人，或许说得有道理，但就目前而言，描述的前景到底会在什么时候出现，技术的支持在什么时候能完全达到？

在没有真正实现前，一切只能是猜想。但是可以肯定的是，比特币在现实世界中的影响已经不容小觑。

案例二：澳大利亚拟废除最大面额钞票，数字货币或将成替代品

当数字货币的研究逐渐火热，而法币在现实世界中却屡遭被废，这是

否意味着，数字货币代替现金是大势所趋？

随着印度废钞、委内瑞拉废钞，全球现金禁止之势已经有抬头的趋势之时，澳大利亚也按耐不住了，对最大面额为100的澳元进行重新审视，试图对洗钱等行为进行遏制。

据澳大利亚媒体报道说，"我们看起来很可能要紧跟印度和委内瑞拉，向100澳元说拜拜了。"

澳大利亚收入与金融服务部长在ABC广播中说："打击黑色经济的整个重点就是确保能够关闭任何潜在的税收漏洞，而目前100澳元纸币的流通是5澳元的三倍。"

虽然，最终100澳元是不是要废除还有待专家的考证，但是可以肯定的是，如果100澳元被废除，那么50澳元的命运也将发生转折。

例如，瑞士联合银行认为，取消100澳元的好处是："从银行角度来讲，如果100澳元现金都被存入银行，那么这可能会使银行存款暴增，家庭存款将会上涨大约4个百分点。"

但是，对这一废钞举动持反对意见的民众表示："唯一被现金经济困扰的人就是政府和那些想大肆支出税收的公务员。如果政府降低税收，那么对现金经济的刺激自然就能够降低。现金经济的发展就是对我们税收水平的反映。我们认为解决方案就是降低税收，这样的话对逃税的激励就会降低。"

虽然各国对于废除大额货币的理由不同，例如印度认为，因为500卢比和1000卢比是目前使用最广泛的钞票，所以要废除。而法国和西班牙则已经全面禁止1000欧元的取款。至于委内瑞拉，则废除了100博利瓦纸币。

这些废除最大面额纸币的国家，宣布在将来会考虑采用国家数字货币。不过这与比特币的开源协议不同，国家数字货币将采用闭环网络。很

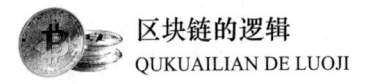

明显,一旦使用这样的数字货币,那么每一笔钱的来源和走向,国家都能掌握得清清楚楚。

这对于某些需要隐私的企业或者个人来说,或者是他们所不愿看到的一幕。

另外,如果现金交易在以后会被全面禁止,那么数字货币的选择又将成为一个比较大的问题。是选择被国家改良过的"比特币",还是使用原始比特币?总之,这一切的一切都是问题,但却又是现实发展的趋势。

案例三:德国出现第一家接受比特币支付学费的学校

2016年12月7日,国家认证的私人精英商业大学——欧洲管理技术学院(ESMT),宣布接受比特币支付学费和其他所有款项。

这也是德国第一个接受比特币的学校。这所学校是由25家德国著名的跨国公司和企业共同组建和投资的,包括宝马、博世、西门子、德国汉莎航空公司等。学校提供的学位课程,包括全执行官MBA、管理硕士学位等。

ESMT首席财务官Georg Garlichs认为:"将比特币作为常规支付方法是数字化的必然结果。特别是对于没有运行良好的银行系统的国家之间的国际交易,数字货币即时的、并且实际上免费的转账功能提供了巨大的优势。这使得将比特币作为接受付款的手段对我们而言很有吸引力。"

而学校的高级教育副院长Christopher Burger认为比特币是"最成熟的区块链应用程序",他说:"在与数据使用者进行谈判时,这为数据所有者提供了更高的谈判地位,特别是在大数据时代。"

区块链本身的技术,例如减少交易成本和P2P的交易模式,都为他们所看重;另外,他还强调,学校的高级讲师是区块链专家,并且比特币的基础创新也有助于"个人数据的个人营销"。

世界上第一家接受比特币的大学是塞浦路斯的 Nicosia 大学，在 2013 年年底，该校宣布在接受比特币作为学费的同时，还设立了数字货币硕士学位。

2014 年 1 月，英国 Cumbria 大学宣布，在全国范围内首次接受比特币学费。而澳大利亚 Flinders 大学也紧随其后，2014 年 10 月宣布在澳大利亚首次接受比特币。

3.6 区块链实现工作所需要的硬件

中本聪白皮书中写的工作量证明，其实就是指的"算力"。算力是区块链安全的基础。因为每一个区块的前端都包含前一个区块的信息，而区块后端的信息被计算出来并且得到网络节点的认证就表明新区块的形成，由此形成链接。

所以说，越早被挖掘出来的区块，会埋得越深；链条越长，数据越多，整个区块链的安全机制就越高。谁都不会愿意花远大于获得成本的代价，去修改至少 51% 以上的数据。

但是当比特币越来越受到热捧的时候，算力不足就成为矿工的痛处。

2011 年年底，比特币的挖掘者开始使用专业的 FPGA 芯片用于输出算力，能耗只有之前 GPU 挖矿的四分之一。

从 2012 年到 2013 年，矿工们意识到用 ASIC 硅晶芯片进行算力输出效率更高，并比 FPGA 更加节能。于是，各大实验室，例如美国蝴蝶实验室、中国烤猫等开始相继进行研究并开发。首先成功交付 ASIC 挖矿芯片的是阿瓦隆团队。

这表明，比特币挖矿和比特币形成了产业。

比特币挖矿行业的出现，表明区块链和现实资源之间的通道已形成，同时也有利于区块链领域形成第一条相对完整的产业链体系。同时，也从矿工单纯挖矿与交易的过程中获得财富，转变为从区块链的产业链中获得财富。

这条产业链，包括如图3-9所示的关键硬件设施。

芯片开发 → 矿机生产 → 集群矿场 → 矿池 → 云算力 → 交易所

图3-9　比特币挖矿关键硬件设施

其中芯片开发是整个算力提升的源头。矿场则是指将小型矿机区块链计算机进化成百倍，乃至千倍、万倍大小的矿机区块链计算机的大型机房。矿池则是将各地的算力进行汇拢，提高算出新区块的概率。

从上面的步骤我们可以看到，算力已经基本上被大机房垄断，那么中小矿工的利益怎么维护？

为解决这一问题，云计算应运而生。它给个体矿工、中小矿工们提供更便捷的接入比特币区块链网络的条件，同时将矿场和矿池基础资源汇通；最重要的一点是，凡是购买云算力的矿工还能自主决定算力的流向。

这样一来，云算力很好地解决了大机房的集中算力问题，对中本聪在白皮书中提出的全民挖矿分布式共享机制，创造了在算力集合模式下的可能实现的条件。

至于最后的交易场所，自然是产业链的最后出口，即算力获取的比特币，最终成为交易货币。

整条链环扣严密，层层递进。就好比盖房子一样。先有地基，然后浇筑地梁，再是主体砌筑盖出房子的基本结构，接着是屋内填土、把地砸实，最后封顶、往上加层。每一步都是有固定的秩序，不能越级。

云算力从诞生之初，就有人认为这是一种"印钞机"，只要能够支付成本，在持续的挖矿中，就等同于是一个聚宝盆，将有源源不断的数字货币产出。

最初，零散的矿工们挖矿还是处于非常原始的自发状态，然而到了后期，开始了协作化和标准化。云算力的出现，对矿工们的挖矿带来各种的方便。

最早一批提供云算力产品且活跃至今的平台有：比特大陆旗下 Hashnest 算力巢、Genesis Mining、币网、牛比特等。2016 年下半年，算力吧、hash mining、ViaBTC、HAOBTC、BitSE 这几家公司也加入了云算力市场。

第四章
区块链的信任逻辑

数字货币比特币是通过特定算法的大量计算产生，而真正支持比特币的核心，就是区块链技术。

在区块链的生态系统中，可以在没有中立的第三方机构，在交易主体彼此信息不对等的条件下，实现充满信任的合作。而实现这一步的技术，就是因为区块链技术独特的信任机制。

4.1 区块链技术使得制度信任转变为技术信任

区块链的核心技术实质，就是一个不断增长的分布式计算数据库，能够解决信息系统中的信任危机。

这一技术主要是解决在信息不对等、不安全和无法获得全面可靠的沟通下，如何创建出一个安全的场景，用以在经济活动和各种社会生活中。

同时，这样的场景是一种可以不断发展和修缮的，具有无限延伸潜力的"信任"化生态体系。如图4-1所示。

图4-1　区块链下的技术信任

在这样的生态环境中，交易主体不需要彼此间有任何过多的了解和信任，它只需要信任区块链的技术，可以创建出共识基础，在此基础上进行的交易是安全的，保证信息畅通和价值转移渠道的安全。

那么，区块链的信任机制，是怎么创建和运行的呢？

4.1.1 区块链创建的价值传输体系

从整体来看，区块链技术优势的强大，在于它是一个基于 P2P 的价值传输协议。但我们也必须要看到，随着区块链技术在更多社会层面上的运用，它的内在其实是结合了 P2P 的网络技术、密码学、数学、宏观经济学和经济学中的博弈等综合学科知识后，形成了一个有效的、可信任的价值传输体系。

这个体系，是建立在互联网的基础上，也是随着互联网技术大飞跃和社会经济的发展而顺势出现的产物。

那么，这场技术革命，为什么能够顺利实现价值传输、解决信任危机呢？从区块链的实质来说，不断增长的分布式计算数据库，解决的是在没有中心点的控制下，也就是在没有实体的控制下，每个节点拥有绝对的仲裁权。

这样解释可能比较抽象，那么我们打个比方。

假设有个国家，国王拥有绝对统治权。现在为了便于统治，国王将国土分为十个区，每个区的人口、资源、生产力水平不一样，每个区盛产的东西也不一样。

在国王时代，国王会根据人民生活需要调剂各个区生产的物品。而每个区都直接听命于国王，同时在物品的分配上完全根据国王的意志进行转移。

可以说，国王就相当于中心化的权力机构，分散开的十个区受控于国王，同时也形成一个封闭的、处于可信任的国王绝对统治的环境中。同时，每个区的实力和当时的经济实力、物品生产等都在国王的掌控下，也就是说，信息都集中在国王手中。

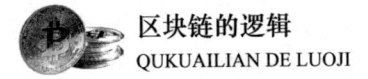

在国王的调配下，每个区的经济实力基本达到一致，所以就规避了某个区实力特别强大，以至于威胁到国王统治的可能。

后来呢，国王病死了。于是他的儿子继承王位。但是这个新国王搞不定这十个区。于是这十个区就分别独立了，同时每个区选出了属于自己的管理者。

但是，生活要继续呀。

不管这十个区如何独立，最基本的生活品还是必须要有的。所以，还是要进行各种物品调换。那么，现在的问题是，在没有国王的调配下（去除了中心化），如何做到自发的、有需求的、正确数量的物品调配，而不会在信息不对等的情况下，产生诸如某个区实力在不知不觉中壮大，最后威胁到自己统治的这样的倒霉事情？

换句话来说，在没有了中心化的调控下，如何在这个国度，可以有一种运作模式，让十个区重新回到绝对的信任机制中，同时又保持各自的独立和绝对的仲裁权呢？

那么关于这样的运作模式，基本上就是我们正在讨论的区块链涉及到的技术范围了。

首先，我们要解决的是：（1）每个区在每次的交换物品过程中，确保量是符合正常需求，并且每次的交易记录都不会被篡改。（2）每个区在每次的交易后，交易信息可以同步传递到其他的区中，所有的区都有彼此的交易信息。（3）从每个区掌握的数据，可以很客观地计算出各个区每次交换的物品量。

根据这三个要求，区块链技术需要提供的技术支持里，包含了：分布式的总账本/数据库，记录每次每个区的交换信息；每次的交换记录都含有所有物品的全部信息；每一次每一个区的交易，都含有每次交易的时间信息，客观反映每次的交换历史。同时该项技术，只对每个区每次进行的交易有效,对于什么删除啊、篡改数据啊无效。如图 4-2 所示。

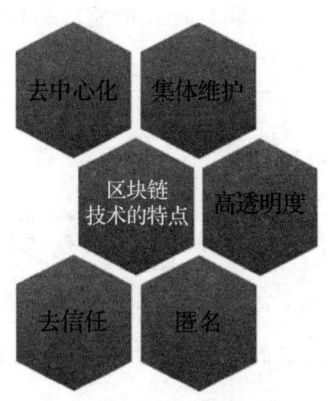

图 4-2 区块链技术的特点

另外,最重要的一点是,每次每个区的物品交换,如果有矛盾发生,整个生态系统不会崩溃(也就是容错性机制)。

4.1.2 区块链创建信任机制还需要的条件

那么,单凭这几个要素,就能完成从制度信任到技术信任的转变吗?答案当然是否定的。

到底还需要什么呢?

例如,还需要数据的加密,所谓的 double-spending 问题,以及拜占庭问题的顺利解决。

所以,在去除了具有限制性的中心化控制下,如果整合到区块链的技术支持,这十个区的生活生产和正常的社会运行,非但不会野蛮生长,相反,会更加纳入积极、平和、稳定的运行轨道中。

尤其是,技术的发展是随着社会生产力的提高,在有需求的情况下同步进行的。当社会生活发展到人工智能化阶段,智能合约层出不穷,以太坊 Ethereum 根据区块链技术衍生发展的智能合约,一旦可以扩展为适合

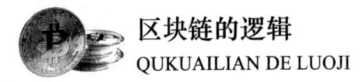

每个行业平台的运行,社会运行效率会大大提高,成本会减少……在可以想象的未来,这一切都将会实现,并且目前已经在小规模范围内进行测试和实际运作了。

案例一:首个区块链运输实例

2016年10月24日,澳联邦银行宣布完成世界首笔银行间赊销交易,将博瑞棉花(Brighann Cotton)产品从德克萨斯州运往青岛。

澳洲联邦银行和美国富国银行采用的Brackets技术,是该团队针对商务和企业运营开发的一款区块链系统。

另外,这两个银行还采用了Skuchain的技术,这是一项能够提供及时可靠的资产价值转移渠道的平台。

Skuchain团队表示:"Brackets能够进行实时可靠的交易状态监测,为参与者带来极高的透明度,并帮助他们建立一个可信的、稳定的供应链生态系统。"

区块链的技术,可以保证这些货物和数据,在运输过程中保持绝对的完整性,交易双方不需要对彼此有过多的了解和信任,只要相信技术上显示的数据就可以了。

案例二:区块链技术可以杜绝假货和走私

在区块链技术出现前,如何杜绝假货和走私现象,一直为人们所头疼。在全世界范围内,每年假货的销售大约是在1.8万亿美元。

假货的横行令制造商遭到巨大损失,尤其是珠宝等贵重物品,即便是有纸质材料的证明来源,例如钻石的"出生"证明等,但是仍然不能保证确实性。毕竟,纸质材料的证明是可以改变,也是可能会丢失,甚至是全部伪造的。

然而，当区块链出现后，这些难题全部有可能被解决。

首先区块链技术可以保证记录在系统内的信息不被篡改，要付出控制51%节点数据的耗费，因为犯罪成本太高而令那些有企图的人往往放弃自己的想法。同时，在区块链中记录的资产信息，因为有着密码学形式的各项验证，要做假是基本不可能的。

Everledger公司首先在区块链上进行钻石数据的记载，包括克拉数、净度、尺寸、冠高、切割点等等。然而，钻石的每一次交易都会在区块链中记录下来。

通过这样的步骤，要想销售有过记载的钻石，它的真伪和属性就完全透明，避免了假货和盗窃品的贩卖。

除了Everledger公司，还有Chronicled公司正在建立商品标签的区块链。只要是商品打上属于自己属性的信息，消费者购买时就不用担心买到假货。

区块链的特性，在保证信息数据不被篡改的同时，分布式的加密账本也能保证数据的完整性和更新度。同时，随着交易的不断进行，链条越长，数据就越安全。

案例三：区块链带来的供应链变革

供应链最初是诞生在19世纪工业时代的生产结构，在当时的科技下，人类货物的移动，从A地运输到B地是用供应链来提升对货物的控制。

但是，随着人类生产活动的不断进步，运输路程的复杂化和与之相对应的周期长短变化，以及过程中各种中间商的加入，例如分销商、零售商、运输商、存储设置商等等，每一个环节的加入都会使运输和销售的过

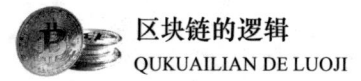

程变得复杂一点。

这也导致整个过程中效率变得低下，不诚信的合作无法及时发现。而当这一切被发现的时候，往往就是到了消费者手里。于是接下来会有一系列的麻烦，如寻找问题产生的源头和随之而来的索赔等。

但是，当区块链出现以后，作为一种更加安全、可靠、透明、高扩展性和快速的交易系统，它的优势正好可以弥补传统供应链的弊端。

例如，传统供应链有的数据信息，如生产日期、产地、参与的机构，还有商品状态等等，都能在区块链上找到。另外，区块链上的数据是全网分享，这就保证了数据的稳定性和真实性。

像现在，BlockVerify 公司使用区块链技术打击假冒产品，芬兰创业公司 Kuovola Innovation 的区块链计划将会为供应链装上电子标签。而 Ascribe 和 Everledger 这样的企业，则将区块链技术用在给珠宝和艺术品添加身份证明；伦敦创业公司 Provenance 已经开发了一种基于比特币和以太坊的区块链，使各个企业能够与它们的客户分享产品建设信息。

可以说，区块链的技术，给我们打开了一个全新的世界。

4.2 传统契约制度的信任弊端

制度信任产生的源头和推动其发展的力量，在历史演变中是随着生产力的发展而推进的。

如果从经济学角度来分析，制度的产生在很大一部分上也是出于对社会成本的节约。奖励符合社会规定的行为，同时也对违反制度的行为进行惩戒。

经过这样的举措，让人们的行为举动控制在一定的范围内，使得社会机制的运行尽可能的正规有效，减少不必要的消耗。

因为当信任度降低时，社会运作的效率也会降低，与之相对应的，成本就会上升。因而从古至今，都极其重视契约制度。

4.2.1 传统契约制度不能完全束缚交易双方

制度的制定，总是适应社会生产力的发展，根据科技的进程而不断变化，而且总是在适应一段时间后，开始慢慢出现各种问题。

传统的契约制度，是基于信任机制的缺失，为避免交易的信任成本高昂，以及"机会主义"和"理性的暂时性缺失"等问题，进行的中心化制度布局。但是，契约在制定时和在执行过程中也受到当时社会和整体经济运行环境的影响，当一方想要毁约的时候，如果代价成本并不能充分做到对履行合约主体的束缚，那么一旦发生违约，并不能做到十分有效地避免因此而消耗掉的社会成本。

在传统的商业模式中，契约制度不能完全束缚交易双方，最后导致信任危机的出现，别说是普通的交易者，就算是商业巨人都极其容易倒下。

例如：在中国历史上，左宗棠和李鸿章是"洋务派"的先行者，提出的"师夷长技以制夷"的口号，在当时社会可谓是一股清流。

而以左宗棠和李鸿章为后台的胡雪岩、盛宣怀，则是这一旗帜下的急先锋。只是，盛宣怀看得比胡雪岩更远、更透。

19世纪60年代，英美法等国要求清政府建立电报线，清政府多次拒绝。然而到了19世纪70年代，建立电报线的需求已经是刻不容缓。

左宗棠和李鸿章不约而同有这个意向。当时左宗棠任两江总督，他上书朝廷，提出开办电报和通商救国的要求。然而这个提议，在当时的朝廷引起争议。在没有明确答复的前提下，左宗棠先行南下，胡雪岩也就一门

心思打理自己的茶叶和丝绸生意去了。

而盛宣怀倒是在李鸿章的支持下,在大沽北塘海口炮台和天津之间率先加了一条电报线,小试牛刀。没想到,这条架好的电报线,在朝廷政要的亲自试验下反映很好。于是,盛宣怀被朝廷委派为电报局总办。也正因为盛宣怀有了这个便捷的渠道,在后面和胡雪岩的商战中获得不少便利。

当时胡雪岩每年都要囤积大量的生丝,最后垄断了生丝市场,控制生丝价格。而盛宣怀利用电报掌握了胡雪岩生丝买卖的操作情况。

首先,他利用电报的便捷性,一边收购生丝,一边向胡雪岩的客户出售生丝。其次,他还联系当地的买办、洋行和商人,用价格和信息的优势令他们不买胡雪岩的生丝。这样,就是从源头上控制了胡雪岩的资金流动,令胡雪岩大量的资金压在货物上。

正在胡雪岩资金紧张,苦不堪言之际,又正好赶上自己为左宗棠行军打仗所筹集的80万两巨款的还款。虽然这笔款子是朝廷借的,但是经手人是胡雪岩,所以外国银行只是问胡雪岩要钱。

本来,这钱每年都会由上海道台府补贴给胡雪岩,结果这一年,被盛宣怀动了手脚。他找到上海道台邵友濂,说李鸿章要他晚点发这个钱给胡雪岩。邵友濂虽然是李鸿章的人,但是也怕左宗棠。可是他想,又不是不给,只是晚发嘛,问题也应该不大。于是他就晚发了。结果,就是这20天的拖延,给了盛宣怀一个绝佳的时间上缓冲期。他串通好外国银行,逼着胡雪岩还钱。而当时左宗棠又远在北京军机处,无奈中,胡雪岩只能先用自己钱庄里调来的钱还上。

然而,就在胡雪岩认为只是晚发20天,不是不发的时候,盛宣怀却利用电报,将他的一切商业行动了如指掌。于是,趁胡雪岩钱庄空虚之时,故意散播钱庄要倒闭的谣言,同时派人到钱庄提款,最终煽动起一场挤兑风潮。这给了胡雪岩的商业帝国一个沉重打击。此后不久,胡雪岩就忧愤而死。

从这段历史中,可以很清楚地看到,红顶商人胡雪岩最终的倒闭,是因为盛宣怀掌握了他的商业行踪。而这一切,都是通过电报这个新式武器取得的。可以说,这场商战,就是典型的技术打压。

如果没有电报,盛宣怀就不会对胡雪岩的商业资本的操作如此了如指掌,也不会行动的每一步都正好卡在胡雪岩的命脉上,更不会如此轻易地就把商业帝国的巨人打倒。

最后钱庄挤兑风潮,恰好就是因为信任制度的缺失。盛宣怀散播的胡雪岩钱庄破产的言论搞得人心惶惶,人们抱着"不怕一万,就怕万一"的心态,要求拿回自己的钱。而对于胡雪岩来说,他没有办法让每个人都相信自己,其实钱庄没事,只是资金一时被抽走,但很快就会补充上的。

于是,在交易双方信息不对等的情况下,传统契约的束缚力量被打破,最终造成胡雪岩商业帝国崩塌。

换个角度说,如果当时有比左宗棠更权威的人士出来背书,说"胡雪岩的钱庄没事,大家不要挤兑",那么,是不是这场闹剧能就此打住?未必。因为在这样的情况下,信任机制已经打破,制度信任已经不能给普通民众安全感,他们只有看到真金白银才能相信权威人士所说不假。

所以说,契约制度产生的信任,会受到当时整体大环境的影响,当违约的成本小于契约本身被破坏而遭到的损害时,违约的几率是非常之大的。

4.2.2 互联网时代下的契约制度

在互联网发展的大时代背景下,制度信任的体系已经从线下又添加了个线上。很多交易过程在中心化制度的掌控下，慢慢颠覆了传统商业模式。

就像淘宝的支付宝，就是第三方平台的保证。在交易最终确定后，资金才会正式流动。在交易产生的过程中，传统交易因为有着实体交易场所，所以可以有一个直观感受，但是在虚拟的淘宝商铺中，所有可见的交易物品都只是靠着图片来展示。所以，在淘宝所设置的体系内，有个买卖双方信誉度的标识。但这种标识，尤其是卖家的，往往只是作为一个交易过程中的参考，并不能做为绝对的标准值。因为，那些恶意的刷单、刷信誉的行为并不罕见。

在互联网平台上，最明显的交易优势之一，是响应整个交易机制会相对比较快捷。当然也同样存在违约责任的设置对交易主体的约束力，可是这样的约束力远远没有当时签订合约时的预期效力大。例如，淘宝平台上，总是充斥着"买家收到东西，但是又说卖家虚假发货"，或者是"卖家点了发货，但买家迟迟没有收到货"等不和谐的声音。于是，作为破坏了买卖协议之后，最直接的影响就是淘宝平台这个中心介质的介入，进行第三方裁决。

从这一方面来说，互联网时代下的信任机制，可以弥补传统契约机制的缺陷，但是其自身也同样存在缺陷，更不能完全满足当下时代经济的发展。

另外，在互联网平台上，例如金融领域，除了支付便捷外，还需要在每次交易的时候反复确认交易的安全性和可靠性，同时由专门的安全部工程师进行测试，确认线上线下各种交易服务的可靠性和连贯性。

之所以会有如此复杂和冗长的交易机制存在，也是因为金融领域的很多项目资金动辄成百上千万元，而对于一些不怀好意的人，往往在渗透入数据库内部后改变某些记录，就能提出大笔的资金。

因而，互联网具有高效高速传递信息的特质，但是却在风险把控上和传统契约同样缺失。

而对于区块链来说，它的存在，在很大一部分程度上就是弥补了这个缺失。尤其是使用非常低的成本，就完成了从制度信任到技术信任的转变。然而，这个信任机制的 BUG 修复并不是简单的缝缝补补，而是一个具有颠覆性的、成长性的里程碑式晋阶。

4.3 区块链创立的技术信任原理

从根本上说，区块链的信用机制，是建立在数学和密码学原理的基础之上。通过绝对中立化的技术，创造了不再需要第三方的信任背书，并且在整个生态中达成了信任共识。同时，交易主体还不需要了解彼此的身份。区块链的技术特点本身决定了对于交易内容的肯定和数据的可信。

那么，完成这一切的依据，具体是哪些呢？

4.3.1 区块链的信任机制技术结构

首先，这项技术通过纯粹的数学算法为人们创造信用，进行可信任的价值交换。同时，区块链交易链上每一个节点的记录都是可信的。因为每一次产生的信息，都将永久记录，并且无法篡改。

当然，真要篡改某个区块记录也是可以的，不就是改变 51% 以上的节点交易内容吗？但是，当交易的链条越来越长，篡改的成本就越大。在衡量投产比之后，为篡改某一个区块的数据而付出如此大的代价，是得不偿失的。

其次，区块链的技术信任原理，主要是通过密码学内容实现的。

用简单的表述就是：（1）证明你的身份。（2）证明你要做的事情是获得许可的。要证明这两点，就相当于用两把钥匙，分别打开这两扇门，随后进入价值交换的空间。如图4-3所示。

图4-3 区块链的分布式记账交易

然而，这只是区块链最基本的技术结构。如果从现行的三个比较主流的区块链平台来看，从生态上来研究，可以很直观的看到，这个信任机制的原理是在不断叠加和发展中的。

要正确理解不断发展中的区块链生态环境，首先，要阐明一个概念：区块链中，还有个公有链和联盟链之分。

最初，这两个概念是由以太坊的创始人提出的。其实区分起来，非常简单，望文生义即可。所谓公有链，指的是网络是完全开放的；联盟链，指的是网络只对成员开放和共享，是半公开的。

单纯从技术角度来看，联盟链在金融方面用得非常多。但是因为金融方面的业务特点，要求区块链的技术能够提供秒级分割，这其实就是对区块形成的速度要求。但是，当一个区块形成的速度过快，很容易就导致区块链分叉，一旦出现孤儿链，也就意味着交易作废，那么这分叉的区块链也是无效的。无效的区块链越多，就越容易影响区块链的一致性。虽然技术本身有容错率，但是一旦频繁分叉，形成相当比例的用户交易失败，那么这个系统在大多数情况下就会被视为失效、不可靠。

如果将这种对于实时性要求很高的技术插入区块链的底层技术，在联盟链运用中来说,虽然不能像公有链这样满足大多数项目的需求,链条也不会非常强壮,但是对于只是生态环境比较小的联盟链来说已经足够了。

4.3.2 区块链主流平台架构

对于公有链和联盟链,区块链主流平台的架构层面技术要求是不一样的。但是就整体来说,一些客户端的设计还是通用的;在针对技术信任这一原理的运用上,基本原理也都是一致的。

例如,在针对比特币、以太坊、比特股三个主流区块链平台进行研究会发现,比特币的生态环境是最稳定的,以太坊和比特股各有特色,但它们的生态环境不如比特币的稳定。从这三个平台上衍生出来的其他项目系统,占据目前区块链平台的绝大多数。可以说,这三个平台代表了区块链项目的基础。

所以说,公有链和联盟链的平台设计会有差别,但是整体的技术原理,大部分情况下还是会通用的。

在公有链的模块中,一般至少会有三层。

首先,最底层的是一些通用的基础模块,如我们之前讲述的密码学中的基本加密算法,以及网络数据库、流处理、信息封锁、解码,还有时间戳等问题。

而在底层之上,就是中间一层,是区块链的核心模块。一般是包括区块链运行的主要逻辑原理。类似于 P2P、共识机制下的模块,交易处理的模块,一些智能合约上的模块,或者是钱包模块等等。

再上面一层,也就是最上面一层,往往是一些交互模块。有时就是一个 web-service。如图 4-4 所示。

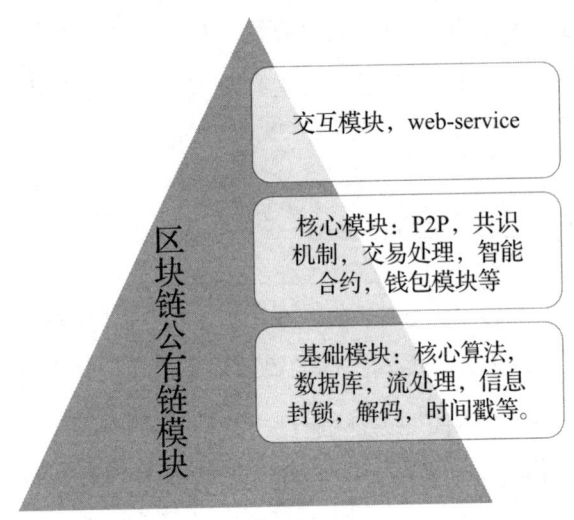

图 4-4 区块链公有链基础模块

这几个层面上的架构，都是基于最基本的区块链底层开发技术。而底层技术的运用，一般都要从 P2P 网络协议入手。至于区块链的信任原理，为何能在公有链或者联盟链中都能得到保证，其实也是因为底层技术之间的类似。

如果从通俗的角度来理解上述内容，我们可以把这几个层面看成购买汽车。我们都知道，一般同一款型号的汽车，会分为标配、中配和高配。其中最底层的技术，就相当于汽车的标配。四个轮子总是有的吧，最基本的座椅也是一样的吧，还有安全气囊、发动机、变速箱等等，这些最基本的都是有的。

至于中配，一般就是在低配的基础上，进行一些优化。很可能安全气囊多了几个，椅子是皮套而不是布套，另外在汽车的内在配置上，各种参数和性能会相应提高。

至于高配，自然是最豪华的。在中配的基础上会增加更多的功能，连着汽车的内饰都会变得更加好，看起来更加舒适和豪华。

而这一切的配置，就是建立在标配的基础上，也就是说，在汽车品牌和型号的基础上进行各种的提升，但无论怎么提升，都是从最根本的开始的。所以说，区块链创立的技术信任原理，无论是从哪个角度、哪个方面去看，都是建立在信任共识的基础上。

这个信任机制能够建立，在很大程度上，是因为在可计算的作弊过程中进行成本计算。当作弊成本远大于作弊带来的利益，也就是说，当篡改和作弊变得无利可图时，那么该区块链的生态环境相对稳定。

在区块链技术中，沿用的公式算法和分布式，首先会考虑到拜占庭的容错率，不但包括所有节点发生的宕机、网络故障等发突发状况，更将恶意篡改数据等问题都参考进去。另外，区块链的技术的共识机制的设定，是面向交易的。因而这一切，在传统的分布式一致性算法的基础上，结合公有链是开放生态的价值网络、联盟链是半封闭式的价值网络，并且还存在对应的不信任节点。

根据这些不同特征，对于联盟链来说，共识算法可以将传统的一致性算法作为基础，然后加入拜占庭容错等的安全机制。

对于公有链来说，一些基于成本运算角度考虑的算法可能更适合。例如 POW，POS 等。因为我们都知道，对于公有链来说，杜绝篡改数据的可能，是最基本的生态环境构建。

从根本上说，创立区块链信任机制的原理，是从共识算法入手，根据不同的需求进行区别设计。但是本质上，密码学和数学是支撑整个区块链技术信任机制的基础。

4.4 区块锛的价值转移信任机制

所谓价值转移，是指在区块链设置的网络中，每个节点都能够以认可或者认同的方式,将一部分价值从一个地址转移到另一个地址。在整个转移过程中,所有流程和数据都会得到明确记载,同时盖有时间戳的认证。这里所说的价值,是包括了数字货币、有价证券、金融产品、实体资产等。

目前部分金融行业,在整个价值转移过程中不再采用过去的由银行、政府、国家等第三方传统形式的背书,而是将所有价值转移的计算由一个中心数据库来承担。尽管整个流程是由程序完成,但是价值转移的节点还是必须要相信这个中心数据库。从特定的含义上去理解,可以认为这就是通过中心数据库的背书进行信任。

那么,区块链的价值转移信任机制,在舍弃了中心点的背书后建立的信任机制,其实是构建了一个充满信任的生态环境。这个生态的核心是信用共识,地域范围扩展到全世界。

在区域如此广泛的前提下,区块链是如何做到建立一个充满信任的机制呢?

4.4.1 区块链打通全球信任体系

从古代到近现代,商客远行,所携带的资产最容易遭到歹人觊觎。于是有人会请镖局押镖,也有人会采用其他方式,例如官府押送来保证自己的财产在从一地转移到另一地的时候,不被人打劫。

然而,财物价值在转移过程中,命运却是如此多舛。

我们都听说过,石崇和晋武帝的舅父王恺斗富的故事。王恺用糖水洗锅子,石崇就用蜡烛当柴火烧;王恺做了四十里的紫丝布步障,石崇就做了五十里的锦步障……后来晋武帝看不下去了,暗中给了王恺一棵二尺来高的珊瑚树,说你拿去,这个石崇一定没有,肯定被你比下去了。

谁知石崇倒好,瞥了一眼晋武帝给的珊瑚树,伸手就将珊瑚敲得稀烂。王恺气得半死，一把揪住石崇说，你小子是不是羡慕嫉妒恨啊，下手要不要这样狠。

然而石崇微微一笑，不屑地说，这玩意有啥了不起，哥分分钟给你更好的。话音未落，石崇的家人就搬来数十株珊瑚树，其中光高达五六尺的就有好几株。立下，王恺和晋武帝的脸，被石崇打得啪啪响。

可是……石崇的如此豪富，是哪里来的？其实说穿了，和本节内容讨论的"价值转移机制"很有关系。因为，石崇财富的积累，居然是从抢劫远行商客来取得巨额财富，然后开始致富的。注意，当时的石崇，可是任职荆州刺史……

所以，在人类发展历史上，第三方背书早就不是一个令人感到安全的价值转移机制。

每个国家的政治、经济和文化制度都不一样，索马里海盗为世界人民唾弃，然而成为海盗，嫁给海盗，却是索马里当地孩子的理想和妇女们的愿望。因为海盗在索马里地区是被视为英雄的，享有极高的社会地位。原因就是海盗们抢来的金钱，在当地成为一些新兴城镇的商业支柱。

所以说，国家不同，政治经济文化和信仰不同，想要凭空创造出一个充满全球性的信用共识体系，难度是非常之高的。

在人类文明没有发展到一个高度时，这根本是不可能实现的。即便是现代社会，无论是以个人或者企业、政府的信用为背书进行跨国贸易，都需要巨大的时间和经济成本。例如马云的阿里巴巴，仅仅靠着支付宝这个最大的支付中介，完成了所有的交易。然而阿里巴巴的最大问题，就是信用无法跨国。

区块链的价值转移信任机制，要打造的是打通全世界的信任障碍，构建整个区域的信任网络，同时整个价值的转移机制简单快捷、点对点转移,简单来说,就是信息互联网构建成价值互联网。

从比特币的成功我们可以看到,当数学和密码学作为背书,所有的规则都建立在一个公开透明的数学算法、密码学基础之上时,所有政治、文化背景不同的人,都能瞬间集合起来,达成共识。如图4-5所示。

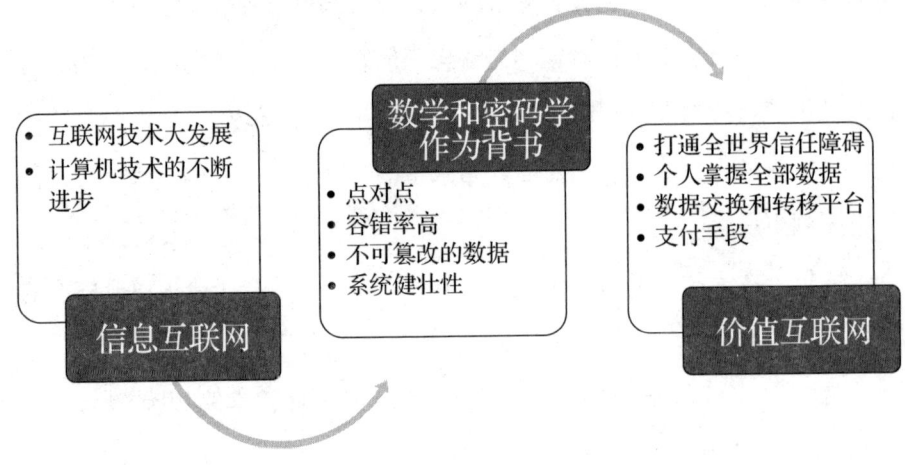

图4-5　信息互联网到价值互联网

因而,可以毫不夸张地说,这个价值互联网的架构,只有建立在全世界人们都认可的数学、密码学基础上,才是真正获得无国界障碍的共识。

从价值互联网的要点来说,个人掌握全部数据、可供数据交换和转移的平台以及支付手段,是其中的重中之重。在此基础上,加上依靠数学算力和密码学的支持,具有信任机制的价值转移互联网出现,是因为区块链技术和信息互联网的大融合。

4.4.2　互联网和区块链相辅相成

自从信息互联网将全球生活紧密结合在一起后,彼此之间的不信任愈发强烈地显现出来。而区块链技术通过整个网络中所有或者多个节点共同参与数据的计算和记录,并且相互提供信息验证,虽然也可以说几乎等同于一个大数据库,然而这个数据库的存在却是坚不可摧的:因为它有着数学和密码学的基础,以及整个生态中所有节点的参与,尤其是生态越大数据越是安全可信的前提。

目前,我们正处于类似工业革命的阶段。整个社会的科技进程日新月异。计算机算力和数字化进程以比摩尔定律更快的速度增长。区块链技术凭借着本身的优势,让各行各业的人们加入到生态环境中,无地区限制,无任何信任的辖制,全方位地展开通力合作。

可以想象,当区块链的技术愈发成熟,平台搭建得愈发完善,价值转移和信任机制必将水乳交融,最后深深地改变世界经济运行的发展模式。

目前,区块链技术在一些行业中已经初试锋芒。

案例一:以区块链建立可信任的能源互联网络

目前,能源产业正面临一系列的变革问题。有生产力革命、商业模式革命,以及由此而来的未来能源产业的发展方向变革,包括能源产业的价值链等环节都将发生重大变化。从中可以看出,能源产业的生产力和生产关系正在进行根本性的变化。

为了能够平稳度过这一转型期,建立"互联网+智慧能源"的系统,开发建设以区块链为底层技术的能源互联网系统,已经是当仁不让了。

首先,要解决能源产业调整的最重要的问题,就是系统的匹配问题。

具体来说,就是在建立具有智能交换、可信任的生态系统中,利用区块链的核心技术,建立起真正能对能源数字化管理,并且保证数字不被篡改的系统。

例如,在针对管理能源的电力问题时,区块链可以从电的来源、接入、运输以及终端使用都实现跟踪，确保每一度电的数据完整可靠；同时实现电力数据的智能采集、传输、存储、处理和共享等流程，且电力数据确保真实，值得信赖。如图4-6所示。

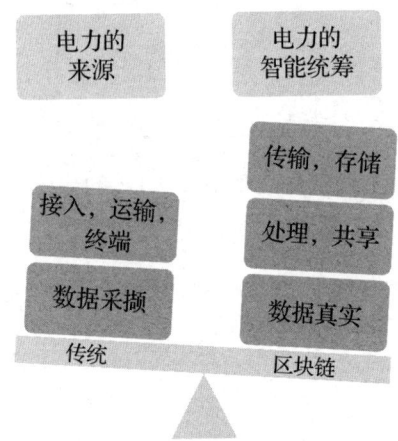

图4-6 区块链和能源业

在构建这样的生态系统时，区块链是主要的技术支持。利用大数据实现的分布式记账，保证每一次的数据记载完整，同时数据交换频率越高、次数越多，这个生态的可信度就越高。

区块链技术的分层覆盖建设，对于能源网络从局部到全局的管理，以及客户的平等参与和能源共享等方面都能得到保证。

案例二："八方互助"用区块链为公益保驾护航

2016年10月27日，定位为"年轻人第一份保障"的八方互助正式上线。这项活动的主旨就是充分运用互助保障平台，将面临共同风险概率的人群集中在一起，通过付出较少的经济成本，可以有机会获得较大的大病保障自助。

计划本身也做足宣传，甚至为了吸引更多风险概率相近的人群，还推出限时免费加入的优惠活动。活动的主要内容，就是每次发生互助事件时，每个账户会扣取不超过3元钱的费用，而患病用户最高能获得30万元的互助金。随着参与用户的人数越多，每个会员分摊扣费的金额就越少，真正实现了"零花钱"解决大保障的问题。

当然，八方互助总裁杨金衡也补充说，这样的保障活动并不是强制性的，会员可以随时加入，也可以选择退出。一旦产生退出的会员过多，就容易导致患病者得不到全额补助。针对这个情况，八方互助也会以公司的名义捐献一些互助金，帮助患者渡过难关。

这样的活动项目在国内并不是第一家。蚂蚁金服的"公益＋区块链"的尝试计划早就推出过。

八方互助公司在落地该项活动时，照顾到行业的痛点，特别是在发生捐助、援助等互助事件时，用户对于资金的流向以及对于被救助者是否真的需要救助等一系列问题，都用区块链的技术进行解决。

区块链技术能够有效地防止信息篡改，这就从根本上规避了组织者作弊以及数据被黑客篡改等信用问题产生，同时全网络生态环境信息的传递，每个节点都能及时得到八方互助在每一次援助过程中账本变化的及时更新，可以说，这项"公益性＋区块链"的活动，正越来越多地获得公众信任。

目前，八方互助已经获得曼图资本、创业工场、麦刚、蔡文胜等顶级风险投资基金和个人千万级美元的投资。这也为更多的人信任该平台打下了基础。

案例三：米老鼠和唐老鸭用区块链做龙链

众所周知，迪士尼是以米老鼠和唐老鸭等卡通形象出名。然而，就在2016年10月2日，迪士尼将龙链代码进行开源，并且有修改Apache2开源许可证。

那么,龙链到底是什么呢?

简单来说,龙链是应用了区块链去中心化和大数据信息保存的技术,开发出一个多币制的生态平台。

迪士尼在龙链的构架草案中提道:

"这个构架应该是多币制的,就是说,一般情况下如果定义货币使用案例后,节点就可以随之定义一种货币并支持其使用。该网上可以同时使用多种货币。

"从比特币和其他大部分加密货币中,我们目睹了'工作量'(POW)算法在一个'信用缺失'系统中作为共识基础的应用。对于一些应用来说,可能有的需要一个基于信任的系统,例如,在一个私链系统当中。"

从这段话中,我们可以看到,迪士尼关于龙链的设想,是从比特币和其他的加密货币发展中得到的启发。事实上,早在2014年的时候,迪士尼就在佛罗里达迪士尼乐园举行了一场声势浩大的比特币大会。

那么,迪士尼为什么要涉足区块链,"唐老鸭和米老鼠"们到底想用区块链达成什么心愿呢?

根据外界猜测,迪士尼或许会将龙链平台最先使用在跟踪顾客在主题公园中的"积分",以及将自己的代币用于自己的内部设施上。

不论怎么说,比特币和区块链,让迪士尼看到这种技术力量可以打造一个充分信任和顺利进行价值交换的生态体系。

至于迪士尼最终会将混有公有/私有区块链的龙链平台,打造成一个什么样的生态环境,还有待揭晓。但是区块链技术早已被各行业所关注并且试水,是不容置疑的事实了。

案例四：沃尔玛和IBM在中国用区块链实现食品安全

在中国，一提到食品安全，很多人都会表示，这并不是一个能让人感到安心的话题。一些无良商家甚至为了追逐利益，还添加工业原料，或者是潜在的致癌、致死物质，导致消费者重症或者死亡。

政府和有关部门为了控制这类事情，花费了不少人力和物力，虽然不能从源头上控制，但依然取得一定的效果。

随着食品安全问题愈演愈烈，尤其是死猪肉、病猪肉和什么僵尸猪肉，以及各种层出不穷的家禽肉类等食品出现问题，越来越多的食品供应商为了保证自己的货物在最终进入消费者手中时是安全可以信赖的，都纷纷寻找各种方式来进行监控。

其中，全球最大的零售商沃尔玛和IBM合作，同时联合清华大学，使用区块链技术全程追踪供应中国市场的猪肉从农场到超市的每一个节点的全部过程。

据称，沃尔玛和其合作机构，是根据区块链本身的超级账本数据库中的分布式账本计划来实现这个追踪；并且，因为区块链技术中的所有节点交易信息的不可篡改，所有零售商都可以实现交易的不可篡改，包括从生产者到加工点，再到分销商、杂货铺以及最终顾客手中的全部流程。

在中国市场，猪肉是一种消费量非常大的食品，此举让顾客在购买猪肉时可以清晰地获知自己所购买食物的各个流转过程。可以认为，沃尔玛建立的不仅仅是猪肉从生产到销售的系统，更多的，它建立的是一种商业点和顾客之间的信任系统。

据悉，沃尔玛不但进行了超级账本的试点项目，还在北京开设了一个新的食品安全协作中心。

我们期待，有更多的食品可以纳入这个项目里，将食品安全提升到一个新高度。

案例五：澳大利亚居民用区块链技术测试太阳能交易

澳大利亚西海岸的居民，每年有 300 天的时间是晴朗的艳阳天。于是，在当地，屋顶太阳能电池板是非常受欢迎的。

当地初创企业 PowerLedger 借鉴布鲁克林一项被称为交互电网的项目，选择在西澳大利亚巴瑟尔顿城的一个村镇里，将太阳能电池板的多余能量卖给其他人。

这项实验的支撑技术，就是区块链的加密式安全总账。账本的每一个数据都存储在网络中的每个节点上，而节点拥有的账本是不断更新的，当然也是去中心化的。同时，区块链数据的不易被篡改以及信息的稳定性，也是被这项计划看中的因素之一。

2016 年 8 月 25 日，巴瑟尔顿 12 户人家中的电表安装上树莓派迷你电脑，以追踪他们的能源使用量，同时他们还拥有自主决定权，决定和谁交易、交易价格多少等。这些数据都会记录在区块链上。

虽然这次实验只为期两个月，但是影响力非常大。它真正显示了每个能源生产者都能掌控自己的能源生产和消费，并且进入门槛低，任何人都能使用。

4.5 传统合约和智能合约

关于传统合约，古今中外有过众多的表述。但无论怎么表达，中心含义是不变的：在法律上具有强制执行力的许诺或者协议。

在中国古代典籍中，一个"契"字，包含了"契约，合约"的意思。《说文解字》中说："契，大约也。"

而所谓的大约，在当时是指邦国之间的契约、盟约。为保证这种协约的有效，还要加上书契。

书契，是指那种可以证明关系的买卖、租赁、借款条约，或者是法律条文等证明。另外，"契"还指一种有价值的券。这种券是可以在市场流通的。

由上述内容可见，合约、契约这样的文件，在中国古代已经是作为一种盟约和约定的媒介或者形式出现了。

至于西方，在1803—1804年颁布的《法国民法典》中就明确表示，合约、契约作为一种符合双方意愿的文书。一个人或者多个人，对于其他一个人，或者多个人承担给付、作为或者不作为的债务。

从本质上来说，传统的合约是双方当事人的合意。双方当事人是以消灭某种法律关系为目的签订的协议，例如发生、变更、担保等。这种契约，是交易双方根据自己的利益所要签订的协议。双方的主体是自主自愿的，目的是通过交易，各自让渡属于自己的部分产品或者所有权，并且从对方处得到自己所需要的东西。从这个角度来说，合约的本身是受到功利目的驱使，通过合约本身，双方满足和扩大自己的需求。所以说，没有任何功利目的的合约是不存在的。

另外，在西方，合约作为一种商业手段，不但广泛应用在社会生活中，还以法律形式出现在法典中。如《罗马法》对合约的定义、分类和执行都有明确的规定。

至于现代意义上的传统合约，一般包括四个方面的内容：（1）交易双方的合同主体，一般分为甲方和乙方。（2）规定交易双方各自的权利和义务，同时还要尽可能的把法律没有规定的内容都写进合约中去。（3）要指定当出现违约或者双方对合同条款产生歧义，需要仲裁机构和执法机构来判决权益和义务。（4）在仲裁时，对象是指合同里定义的权益和义务，或者是现行法律保护的，但是合同里又没有提到的部分。如图4-7所示。

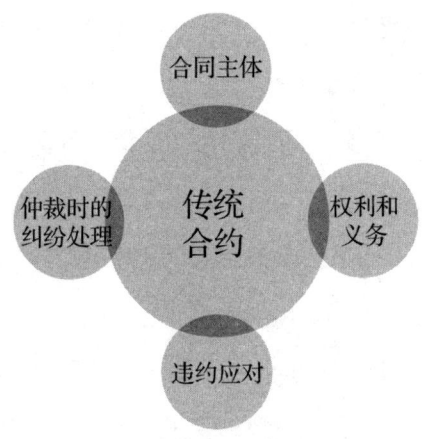

图 4-7　传统合约包括的内容

从上面的内容可以看到，传统合约是随着人类社会的发展而出现并且演变的。然而，当社会化生产到了一定的高度，互联网经济和科技发展到相对高度，又出现了一种新形式的合约：智能合约。

什么是智能合约呢？

"从智能合约讨论中得到的结论：没有人能理解智能合约究竟是什么，如果我们要实施智能合约，应该需要预言机。"这句话是比特币核心开发者之一 Peter Todd 说的。

结合在 1995 年就提出"智能合约"这个术语的跨领域法律学者 Nick Szabo 所理解的概念——"一个智能合约是一套以数字形式定义的承诺，包括合约参与方可以在上面执行这些承诺的协议"，我们大致可以从下面的几个部分去理解智能合约的概念、含义，以及其与传统合约的区别。

首先，数字形式，指的是写入计算机代码中可以运行，并且执行的合约。那么，智能合约在什么时候被执行呢？这取决于智能合约在什么时候被发现。也就是说，交易双方在致力于合约时，触发了计算机的合约流程，同时这个"数字形式"也是由参与方同意使用的协议决定的。

其次，智能合约的执行，是通过计算机的技术手段实施，并且重在实施。

而"协议"，是指技术在平台上，将合约的承诺实现或者记录下来。协议内容本身多种多样，但核心点就是交易的资产本身。

打个比方，就相当于我们在用 U 步打车的时候，交易双发在"去哪里，怎么去"达成协议。随后，一个基于双方同意的合约就产生了，并且在 U 步平台上这个合约被记录。当司机接下这个活的时候，合约就被触发并且实施。当客户最终到达自己要去的地方时，车费即被扣除。这一次的 U 步交易，到此结束。

"智能合约的基本理念是，许多合约条款能够嵌入到硬件和软件中。"Nick Szabo 的这句话，点出了他认为的智能合约其实是"虚拟空间"到"物理空间"的一座桥梁。如图 4-8 所示。

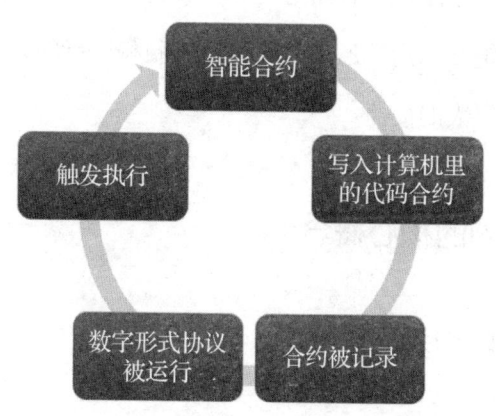

图 4-8 智能合约基本模型

这座桥梁的搭建，最初，我们可以从比特币的发展中寻觅到踪迹。

中本聪开发出来的比特币，将 Nick Szabo 在智能合约中建立的协议进一步开发，随后在达成比特币共识的基础上，将智能合约的实践又往现实中推进了一步。即让所有人都意识到，智能合约还需要一种原生的数字资产作为必需构件。

因为智能合约的签订和运行，必然会牵涉到价值的转移。而价值的转移，需要一种可行可信的数字资产作为承载工具。

之所以1995年就提出智能合约概念，而到如今才开始蓬勃发展，也是因为数字资产到了最近几年才特别被重视起来。另外，智能财产也随着物联网而发展起来。随着互联网信息检索和信息发送的畅通便捷，通过软件自动控制和运行的智能合约也可以顺理成章地嵌入进技术中。

例如，2016年11月，印度昌迪加尔的奇特卡拉大学宣布采用区块链技术为学生发送电子文件，提供学位证明。据称，奇特卡拉大学将使用这项技术给每一个学生发送一个二维码，凭着二维码，学生可以去相关网站查自己的文件验证信息。这项技术的运用，可以免除运送实体证书的繁琐。

从这个例子可以发现，在学历文凭也成为个人"财产"的时代，智能财产在嵌入区块链技术后，通过软件自动控制和运行的智能合约，能够在社会生活中带来很大的便捷。

4.6　智能合约的核心概念

从智能合约的形成过程和要点来看，智能合约的核心概念不外乎分为以下几点。

首先，是"数字身份"。也就是说，在智能合约中，首先证明"你是你"，或者证明"你妈是你妈"。

在传统社会中，我们会有国家通过法律手段证明的自己个人身份，例如身份证、驾驶证等一系列证件，也会有法律文件证明财产和自然人之间的归属关系。但是，在智能合约中，首先要通过数字形式进行身份信息的证明服务，随后才能服务于双方合约。

其次，是数字资产和智能资产。

在目前，我们的经济财产和权益归属都是有明确的形式来证明的。例如银行账户，或者是政府部门等出具的证明。而智能合约，就是去除掉第三方背书，令双方的现实资产在智能合约中以数字的形式镶嵌进去，成为智能财产。一旦数字身份和智能财产能互相映射，那么也就可以用代码来进行智能合约的运作。

再次，还有"合约仲裁平台"以及"数字资产托管平台"。

这两个平台，都是以代码为基础设置的。当交易双方在这个仲裁平台上进行交易，在执行过程中就交托平台进行监管。就像以太坊的图灵完备仲裁平台，完全无需第三方信任的代码来构建智能合约。

至于"数字资产托管平台"，就相当于我们现行经济社会中的房管所一样，数字资产或者智能财产由某种代码或者区块链来保管。智能合约的核心内容如图4-9所示。

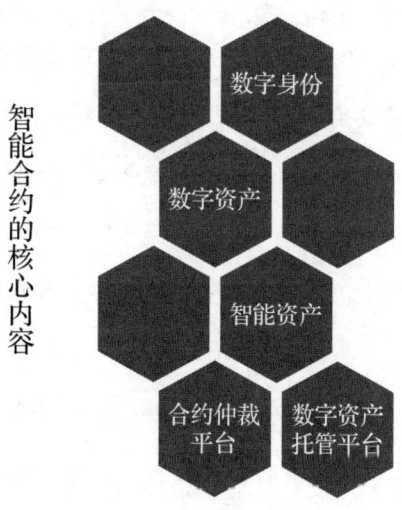

图4-9 智能合约的核心内容

4.7 智能合约 + 区块链 = ?

智能合约是能够自动执行合约条款的计算机程序，而区块链最初是以比特币的底层技术获得人们的关注。

当这两者互相结合，甚至再加上"物联网"，会让我们的生活发生什么样的变化呢？

案例一：SETL 通过区块链出售咖啡和纸杯蛋糕

由英国金融业监管机构金融行为监管局（Financial Conduct Authority）提供测试沙盒，泛欧股市交易场所 Chi-X 创始人兼前首席执行官 Peter Randall 在伦敦沙盒中出售饼干、纸杯蛋糕和咖啡。

据称，在 SETL 沙盒中，约 100 名参与者并非使用加密货币，而是用与伦敦 Metro 银行账户关联的非接触式智能卡片里面的英镑直接购买。而买家的钱，则是直接从账户中实时转移到商家账户，同时还不收跨行手续费。

"这将是极其便宜的参与者互动方式。就连小本经营的商家在使用信用卡处理业务的时候还会支付高达 3% 的手续费，有了 SETL 和区块链，这笔费用就是以几分钱来计算，而不是交易额的百分之几。"Peter Randall 表示。

这项测试，就是典型的"智能合约 + 区块链技术"。

参与者的现实资产存储在 Metro 账户中，然后在沙盒测试中建立两条区块链。一条用来证明客户的身份，上面的身份信息可以和 SETL 的支付区块链联通，同时区块链技术的特点让客户的身份和链条上的数据得到充分的保证。另一条是创建子账户，让购买者将资金实时转移到咖啡店账户中，并且同时更新 Metro 的银行账本。如图 4-10 所示。

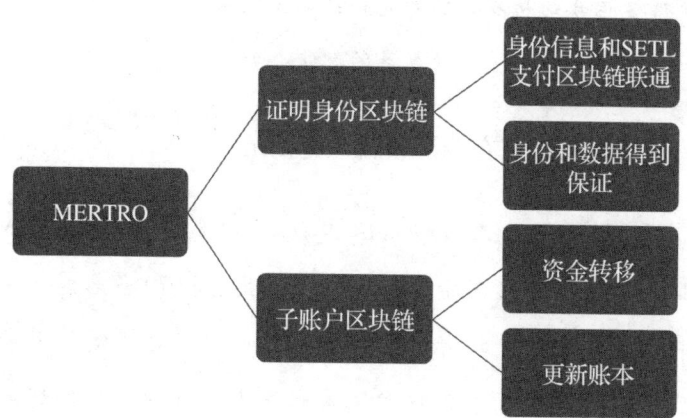

图 4-10　SETL 通过区块链出售咖啡和纸杯蛋糕

这两条商业区块链中的应用程序，将客户在现实社会中的身份和资金互相映射，并最终可以在虚拟的世界中实现价值的转移。

案例二：韩国交易所 KRX 运用区块链提供初创公司股权交易

Blocko 公司在韩国启动区块链项目，参与到 KSM 韩国初创公司交易的服务——一个可以买卖公司股权的公开市场，并且主要是负责将区块链技术运用到该项目的文件和身份认证方面。

Blocko 公司专有的区块链基础开发平台，是 KSM 为了推出服务而使用的 Coinstack。在这之前，Blocko 公司向韩国 JB 银行、乐天信用中心等提供它的 Coinstrak 平台，并且还提供担保。

面对进一步推广区块链技术平台，Won-Beom Kim, Blocko 公司的 CEO 表示，他们会通过与三星 SDS、CISCO 及其他方合作来推进区块链技术在未来各行业的发展，而并不是只局限于现在的金融行业。

从根本上来说，Coinstack 提供服务的基础，是通过区块链技术支持的应用程序，并结合云计算和内部部署搭建的。同时，Coinstack还是一个可以支持智能合约和以太坊智能合约的发展平台，作为一个底层技术的支持平台，它上面可以镶嵌进更多的智能合约。

案例三：区块链技术将在能源领域广泛使用

据Deutsche Energie-Agentur（德国能源机构）和柏林ESMT在关于能源业使用区块链技术的调查对象中，共包括70多名能源公司的高管。其中约有四成的受访者透露，公司已经制定区块链技术的发展规划，并且计划将分布式总账技术纳入到未来业务中。另外还有两成不到的受访者表示，公司有以区块链技术为基础的应用程序，将很快会运用。

通过区块链的运用，交易的透明度提高，数据的不可篡改性保证了数据库的完整和生态环境的可信。而数字加密货币的使用，保证了付款流程的便捷。

Transactive Grid和Sun Exchange等能源企业已经致力于将数字加密货币纳入体系，并且尝试运用区块链技术于公司业务流程中。Transactive Grid是一所创业公司，总部位于纽约。它创造了基于微型智能网的区块链技术，实现点对点的能源交换。而Sun Exchange则是提出以比特币为基础的贷款方案，人们可以投资本国和全球的太阳能项目。

在德国，能源业界超过60%的受访者认为，在未来区块链技术将进一步扩散到本行业中。

案例四：浙商银行将推出移动数字汇票平台

2016年11月，浙商银行股份有限公司发文宣布，将在2017年1月使用以区块链技术为支撑的移动数字汇票平台，为企业和个人提供移动客户端的有关签发、签收、转让、买卖、兑付移动数字汇票等功能性服务。

区别于传统的纸质和电子汇票，浙商银行通过区块链技术，客户可以在收付款时，使用移动数字汇票APP中的二维码进行移动汇票的收付结算。在区块链技术的支持下，移动汇票以数字资产的形式进行交易和存储。

因为区块链技术本身的大数据化和数据不易被篡改性，可以创造出一个值得信任的生态；同时在与其他银行对接的时候，可以利用区块链技术的去中心化、天然清算等特性对资金进行实时清算，免除了第三方信用的时间成本和资本成本，对于效率的提升有着强大的帮助。

浙商银行还表示，利用区块链技术，可以使得原有的单一金融生态节点在区块链的平台上形成互通互利，并且和金融圈内其他企业同在这一生态平台上进行流转、流通和兑换，实现企业信用生态圈和企业信用交易圈的良好金融体系。

第五章

区块链的金融应用逻辑

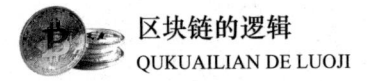

区块链技术最早是作为比特币的底层技术出现的。它的去中心化、数据的不可篡改性和时间戳,以及追溯性等特性,令比特币安全、便利且低成本交易。

随后,人们发现,区块链可以为金融行业带来高透明、高安全以及低欺诈风险,且能保存大量可供分析的数据,为银行的 KYC(了解你的客户)工作提供很大的便捷。

看准了区块链的技术,会给金融行业带来不可估量的影响,越来越多的金融行业和金融巨头,第一时间内向区块链项目及其研究投入大量的资金。

5.1 区块链 1.0 版本的应用——完美演绎比特币

"真正的杀手级应用是区块链,而不是比特币。"这句话在技术圈里,是很多人的共识。然而,也有很多的技术客并不赞同这样的观点。

本节内容,我们将从正反两方面来阐述区块链和比特币是如何唇齿相依,甚至是互为生长。

根据共识,区块链技术是随着比特币的诞生而诞生,随着比特币的火热而进入人们的视野。当然,比特币的火热,有一个成长的阶段。

这里我们不再累述比特币是如何从中本聪的白皮书里跳出来,并且得到全世界的关注和追捧的。但是有一点是特别需要注意的:2009 年 1 月 3 日,中本聪在位于芬兰赫尔辛基的一个小型服务器上挖出比特币的第一个创世区块时,写下了这句话——"The Times 03/Jan/2009 Chancellor on brink of second bailout for banks."("2009 年 1 月 3 日,财政大臣站在第二次救助银行的边缘。")

这句话,是当天泰晤士报头版的标题。然而当中本聪将这句话写进创世区块的时候,在表达自己嘲讽旧有金融体系的同时,也宣告了一种新兴的金融势力崛起。

比特币只是其中的一个较量工具。

区块链技术是随着比特币的诞生而出现,但两者有着明显的概念上的区别。如图5-1所示。

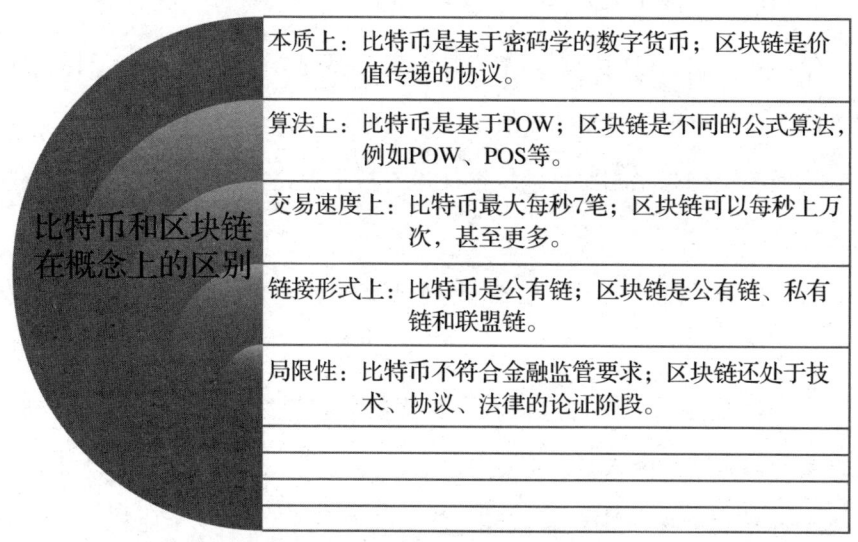

图5-1 比特币和区块链的区别

至于区块链和比特币之间的联系,可以把区块链想象成比特币的公共账本。这个账本的特色有如下几点。如图5-2所示。

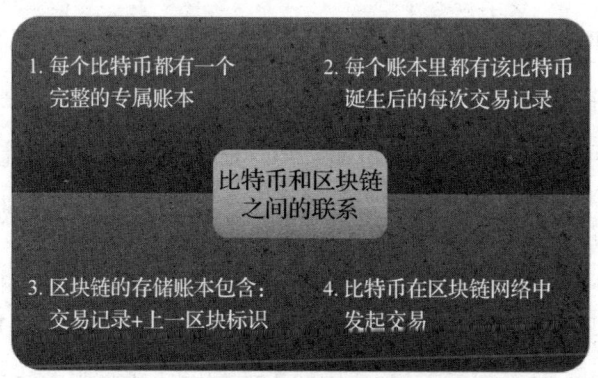

图5-2 比特币和区块链之间的联系

第一，互联网上每个比特币的节点，都有一个完整的账本。

第二，每个账本里，都有该比特币诞生以来的每笔交易转账记录。

第三，分区块存储的账本，每个除了存有交易记录，还有上一区块的标识，形成一个链状结构。

第四，发起交易时，需要把交易信息广播到全网络中，矿工们就会将允许的交易信息记录在新的区块链上，完成新交易。

和旧有金融体系相比，区块链技术支持下的比特币，将不会存在虚假交易。

打个比方，就好比"诈骗"：小A有十个比特币，但是他在网络中发起一百个比特币的交易。

在现实金融系统中，这样的诈骗交易，如果细节完整、生态环境适合，会忽悠到特定的人群。但是，在区块链为底层技术的生态系统中，所有的交易信息在区块中一眼就能识别。小A到底有多少个比特币，根据区块的记录信息可以轻易查到。所以，信息不符合的话，整个生态环境中的矿工们就会拒绝这次交易。

另外，在进行交易时，账户的真实性得到充分的保证。在数学计算和密码学的保护下，每个比特币账户都有公钥和私钥。发起交易需要签名，完成交易也需要签名。签名不符，生态环境中的矿工也同样会拒绝本次交易。

至于到底是哪个矿工决定生成下一个区块，这样的问题在中本聪的设计下，是采用工作量的证明。也就是说，根据计算机的计算能力，全世界矿工大家一起来计算，谁先算出算谁赢。在获得比特币的奖励下，同时生成新的区块，进行下一轮的竞争。

在中本聪最初发表这个内置脚本系统时，后来成为他的继任者的Gavin Andresen曾经表示不解。"比特币的脚本让我紧张，这过于复杂了，而复杂是安全的天敌。"

第五章
区块链的金融应用逻辑

然而，中本聪的回复是："我希望比特币在1.0版就能拥有稳定的架构，未来不需要再做底层改变。在过去几年设计比特币的过程中，我发现只有使用脚本系统才能完成我希望支持的各种复杂交易类型——担保交易、连带合同、第三方仲裁、多方签名等等。"

事实证明，中本聪的想法是正确的。正因为有可扩展的编程脚本，才会在后来出现智能合约。

很多人在了解比特币和区块链之后会接受一种观念，即区块链是主导，比特币是附属。如果没有区块链，比特币就不会出现，或者就算比特币出现，也只是昙花一现；至于区块链，才是真正改变时代的技术产物。

这种看法，在虚拟货币圈里有一定的市场。但是，也有部分人是持反对态度的，他们是从下面一些方面理解的。

首先，提出上述观点的人，认为比特币只是区块链的一个重量级运用。然而，事实上，最初中本聪提出比特币的时候，强调这是一种点对点的电子现金，同时也是为了比特币去中心化的价值转移才开发了区块链技术。

另外，大家都知道区块链是一个公共账本，比特币是这个账本的记账单位。于是，有人会认为，比特币在账本中是可以被修改的。然而事实上，账本是不能脱离比特币存在的。就好比如果没有比特币，就没有矿工；没有诚实的矿工维护区块链，那么区块链的信息就有可能会被篡改。而如果区块链不成为一个被信任的机制，那么后续的一切发展，包括所谓的智能合约就不会实现。

那么，最开始，中本聪为什么要将比特币的挖掘，设计成POW制度？也就是为什么要花上算力的代价来获得？

广义上来说，任何事物的获得都是要付出代价的，如时间、金钱、权利、义务等等。世界上不存在免费的午餐。这种观点，在比特币的获得中是最明显的。

比特币的稀缺性和被热炒的程度,决定了更多的人,为了获得这种稀缺资源而进行各种付出。例如,有人为了提高算力,购买很多电脑,或者是包下数个网段的IP,再或者就是花钱买了很多的显卡等等。

事实上,不管是做了什么,总之,他们的这些付出都是为了POW做铺垫。因为POW是最经典的计件工资制度,多劳多得,童叟无欺。可以认为这是对自由市场的用户,也可以认为是以中本聪为代表的一群天才们的关于实现乌托邦国度的实践之一。

比特币的价值,需要区块链来维护。因为维护区块链要能量代价(例如电力),所以比特币的价值得到保证,以及一切攻击区块链的行为会得到所有矿工的反击。反过来说,如果比特币的价格一路走高,就会吸引越来越多的矿工加入,那么区块链的安全成本就越高,所以任何试图攻击区块链的行为,其成本也相应提高。而在一切都是以经济利益为前提的行为驱使下,区块链的成本越高,那么安全度也就越高,于是比特币的价值就越是坚挺。如图5-3所示。

图5-3 比特币的价值和区块链的联系

从上面的论述可以看到，区块链和比特币是相辅相成的。如果比特币无法盈利，区块链也无法盈利。如果无法盈利，就无法刺激矿工们的集体维护。一旦失去维护，就没有了区块链的优势，那么比特币也无法在这样的生态中生存下来。

比特币作为一种货币，区块链作为共识机制，算力作为其中的价值衡量，这三者是动态平衡的关系。如果否定了其中一个，另外两个也难以生存。

例如，算力的期货市场就是一个很好的证明。当设备和机制足够的时候，整个算力就会提高，系统就能稳定。

5.2 区块链2.0版本的应用——经济、市场、金融领域等

区块链1.0技术支持比特币绰绰有余，但是在满足可编程金融需求方面则需要更多的技术开发。

其中，以太坊的改进具有特别重大的意义。包括：对脚本进行完善，使智能合约运用在更多行业中；平衡账目之间的细节点，实现更加精准的控制；以及保持区块链的底层协议的简单。

如果说区块链技术是分布式的数据库，那么以太坊在此基础上的修改，就把它完善成一个分布式的计算机。每个人都需要对使用这个分布式的计算机付费。

所以说，区块链2.0技术，是在金融领域落地运用的进一步发展。

5.2.1 区块链和票据

随着区块链技术的进一步挖掘，以及金融领域在面对现代金融业务"互联网+"局面的变革，有人曾经放言"区块链是互联网金融的最终形态"。

具体来说，区块链技术2.0版本，首先在金融行业掀起技术革命高

潮。之所以会在金融领域首先爆发革命，也是因为比特币的成功，证明了可编程数字货币的可行性。

从区块链技术的角度来说，区块链技术本身拥有的特征，去中心化、开放性、自治性、信息不可篡改以及匿名性等，令技术本身得到适用行业和公司的青睐。

从金融角度出发，区块链的分布式账本和大数据库的存在形式，以及时间戳、完全可信任的生态环境、去中心化的结构模式，完全就是适应目前经济社会运转的理想中的系统结构模式。

首先，区块链技术能够降低行业运作的成本，在金融行业的中心化分布式领域中，可以进行垂直变革。其次，面对传统金融模式越来越不能适应现代互联网经济的发展节奏下，区块链技术可以很好的完成"互联网+金融"的改革模式，形成一种新型的金融商业模式。再次，区块链技术的信任生态环境，可以很好的提升金融行业的抵抗信用风险的能力，特别是在诈骗高危部门，尤其能起到立竿见影的狙击效果。最后，区块链技术的可编程模式，不但可以促进更多金融生态的产生和发展，更可以令共享金融、自金融等生态得到很好的生长。

从这个方面来说，区块链技术对金融行业的影响，是由底层到高层，从点到面，最后是整个的颠覆性影响。如图5-4所示。

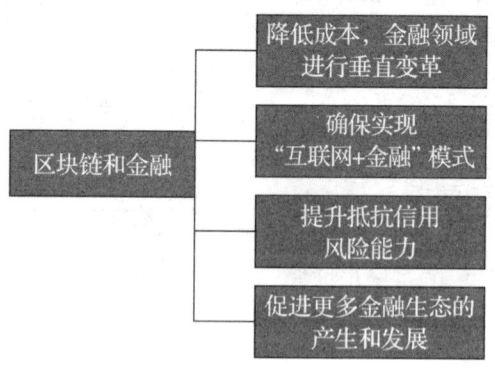

图5-4　区块链和金融

而数字票据则成为区块链技术对金融业改革的第一个突破口。为什么会是数字票据,而不是别的金融形态业务呢?

本书所说的票据,指的是商业汇票。商业汇票根据承兑人的不同,分为银行承兑汇票和商业承兑汇票。

银行承兑汇票,很多人会将其简称为"银票"。和国外商业汇票占90%的比例不同,在国内,银票数量大约占票据总量的90%。

企业或非银行金融机构承兑的票据称之为商业承兑汇票,多数情况会被简称为"商票"。商票的数量占国内票据总量的10%左右。

票据是一种信用工具。在货币或者商品流通中,票据作为体现债权和债务之间发生、转移、偿付的价值转移工具,可在贸易中支付结算和企业短期融资。在金融行业中,票据的使用可以带来很多的便捷。如图5-5所示。

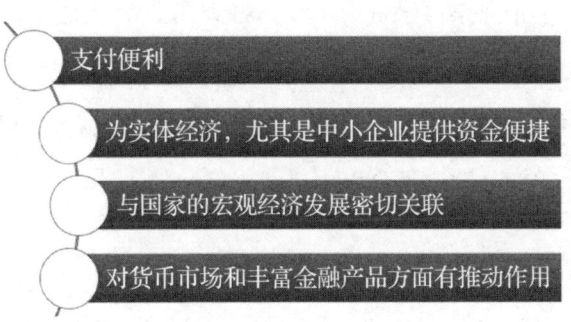

图 5-5 票据业务带来的金融便捷性

首先,能为实体企业等的支付带来便捷,同时满足短期资金支付的需要。

其次,企业间的背书转让和票据贴现,可以为实体经济,尤其是中小企业提供便捷的融资渠道和低成本资金。

再次,票据业务的发展,和国家的宏观经济发展密切关联。简单来

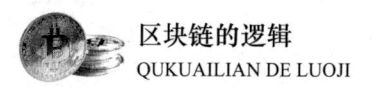

说,票据业务在现有的金融体系中,扮演了一个有利于企业,尤其是中小企业资金流动的角色,同时也符合国家的经济发展规划。

最后,票据业务对货币市场和丰富金融市场产品方面,也有着推动作用。除了在二级市场中的转贴现业务可以加快短期资金的融合调剂,更可以在货币政策传导和实施等方面发挥重要作用。

票据从交易场景来说,基本可以分为开票、背书、贴现、转贴现和托收这几个步骤。在长期的实践发展中我们总结出,出现风险比较高的环节是在背书、贴现和转贴现。

一般来说,银行的支付能力比企业强,信誉也相对好一点,所以多数银行更喜欢买入银票。但是,不管是银票还是商票,在发展过程中都会遇到一些问题。例如:过分依赖银行兑换,票据职能异化严重,不能很好的发挥票据的本职;票据的转贴现业务具有风险性;信用环境和民间票据融资风险大;中小企业票据融资成本高,各大商业银行业务发展不平衡,纸票流转便捷性不畅通等。

这些问题的存在,导致现时对票据的改革势在必行。从区块链技术的角度来看,上述部分问题是可以规避或者解决的。

5.2.2 区块链使得票据作假账不再可能

首先,在纸质票据、电子票据的流通中,第三方的背书是非常重要的。票据是一种有价凭证,在利益的驱逐下,更兼之参与机构的多样性,导致票据的风险性急速上升。

一方面,纸质票据很有可能产生被反复卖多次、一票多卖的结果;另一方面,电子票据中的打款和背书不同步的现象也会时有发生。同时,电子票据系统因为中心化运作,很可能会因为中心服务器产生问题而造成比较严重的损失。

区块链技术中，本身的去中心化和信任机制，在防止票据作假方面有着天然的优势。如图 5-6 所示。

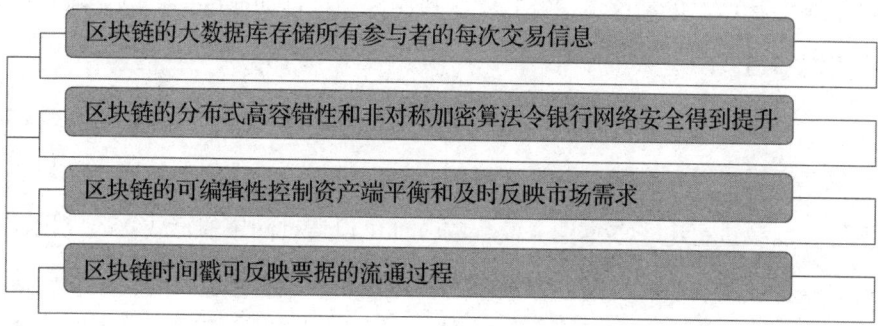

图 5-6　区块链保证票据的真实性

首先，区块链的大数据库可以对所有参与者的信息进行存储，并且进行实时更新，绝对不会产生一票多卖的现象。因为票据的每次出售，会在全网络中广播，当然也可以在私有链中进行广播，总之，这个生态环境中的每一个节点都会知道交易，同时还实时进行数据刷新。

另外，根据区块链技术中的分布式高容错性和非对称加密算法，可以使得银行网络安全大大提升。于是人为操作产生的风险降到最低，甚至可以认为是零。

同样，区块链脚本的可编程性，一方面可以控制交易双方的资产平衡度，包括资产端和负债端的平衡；另一方面也可以借助区块链上信息的真实性和透明度，第一时间看到市场需求，形成更为真实的价格指数，降低市场在进行贸易时因为信息的不稳定反馈而导致的一系列风险。

从区块链的去中心化分布式结构来看，通过时间戳技术可以实时反映票据的流通，包括其从出生到消亡的整个过程。由于所有的信息都存储在区块中，所以这是一种可以追溯的交易信息特点，即便是电子票据，其所有流程也都清清楚楚、一目了然。

因而，这种用技术来背书的形式，和从前第三方背书的意义一样。但是本质不同，一个是技术信任，一个是制度信任。而制度信任的弊端，所有人都知道。

目前，电子票据是典型的中心化模式，居于主导地位的是央行，登记和数据交换系统都在央行开发完成的系统中进行。其他银行或者是金融企业等，需要进行电子票据业务流程的，都可以通过网银的形式接入。因而可以这样认为，央行开发的系统平台，不但负责票据承兑、交易、托收等环节，更需要第三方的认证和资源。

但是，一旦启用了区块链技术，央行的中心化形式就不再需要。一切的背书信用和监管，都处于区块链的可编程协议中进行。在一定程度上，这就是智能合约带给我们的金融上的改革。

另外，目前票据在市场上的信息交流是单对单，信息来源的不对称和实效性差，容易导致一系列的后续问题。例如，会产生市场的不对称和交易时间上的拖延，以及因为中心化的设置问题而导致的后续问题。

同样，区块链技术也完全能解决这些问题。区块信息记录上的数据完整性和可追溯性，以及开放性的系统优势和信息加快的传导性，可以很大幅度地减少市场的不对称性，同时随着关键字检索以及基于其他智能方式的信息提醒等技术的不断提高，有助于提升信息的有效性。

区块链不需要中心化服务器的特点，可以优化现在的票据开发模式。因为这意味着可以省去多个环节的测试时间。

也正因为区块链技术可以改变现行的票据组织管理结构，在信息传达上做到高效高速，这有利经营者的决策，可以提高整个票据市场的运作效率。

与此同时，针对央行货币政策中的再贴现等业务，可以利用区块链来进行定点投放，或者是约束投放、智能投放，并且还能通过智能合约来对后期的流转进行约束。

至于区块链技术本身的时间戳业务，可以使得监管成本大大降低，同时区块间的数据管理体系具有可信任的追溯途径。

从上述内容可以看出，区块链技术在票据市场中是大有可为的。它对票据的改革不是小修小补，而是从根本上进行变革，从源头上进行颠覆。

科技发展到今天，旧有的金融行为模式完全可以利用最新的技术进行更好的革新。

就好比在互联网时代，我们的消费模式和行为已经发生改变。几乎90%的人都有过在网上消费的经历。所有人都会觉得，拿起鼠标，打开电脑，在屏幕上点点，然后打下几个字，就能建立并且确认交易，同时等待快递员的送货。同样是购物，这样的经历和体会，和千百年来人们自行走到商场，进行现场交易的过程是截然不同的。

可以说，互联网经济下，我们的消费行为已经被彻底颠覆，这并不是传统消费模式的修改，而是大的变革。

那么现在的区块链对于票据业务来说，也是如此。它所具有的优势，完全可以颠覆传统的票据业务，而且是越来越好。

5.2.3　区块链建立下的数字票据时代

所谓数字票据，这不是一个新的票据物种，既不会产生纸质或者其他介质的票据，也不会出现单纯的信息流。它指的其实就是，用区块链技术开发出一种新的票据展现形式。当然，这样的票据要结合现有的法律约束和市场需求。

数字票据具有电子票据的全部优点和基础，同时又兼有区块链技术的特点，这是一种具有前瞻性和充分满足性的票据形态。因而，也可以认为，数字票据是在区块链技术基础上的一种全新的电子票据。

随着比特币被越来越多的人们所接受，在区块链的基础上又开发出其他的数字货币，这些现象的产生证明了可编程货币的可行性。

同时，在金融系统中，重复记账、安全性攻击和防止并且摧毁黑客的入侵等问题，都因为区块链本身的技术优势可以充分解决。

所以说，数字票据有可能成为金融行业使用区块链技术的突破口，并不是兴之所至。同时，在可预见的将来，区块链还能应用在很多其他的行业中，只要这些行业有使用区块链核心技术的刚需。

例如，在政府公益项目上，比如说廉租房。根据区块上信息的存储，可以很轻易地就获取到具有廉租房租赁资格的人群名字，也就不会产生冒名领取的事件发生。

另外，电子货币本质上是实物货币，在网络中运用，最终完成支付清算的作用，同时这样的业务流程是在第三方平台的监控和管辖下进行。

例如我们一直使用的支付宝，其实就是一个第三方平台，在交易没有完成前，资金是冻结在平台上的。而这个资金，并不是我们纸质的五颜六色的钱，而是一种电子货币。从根本上说，只是一种信息的代码而已。最终记录这类代码信息的，是支持支付宝运行的中心服务器。

可是，一旦使用了区块链，支付宝平台就可以撤销，直接实现点对点的交易，同时还能对数字货币的流转进行可编程的控制。这种智能管控，再加上电子货币的功能，就组合成数字货币的表现形式。

在数字货币上，首先系统的建立和数据存储是绝对不需要中心服务器的，简言之，就是去中心化。看起来，只是一个很简单的"去中心化"这样普普通通的四个字，但是包括的意思却有很多。如图5-7所示。

第五章
区块链的金融应用逻辑

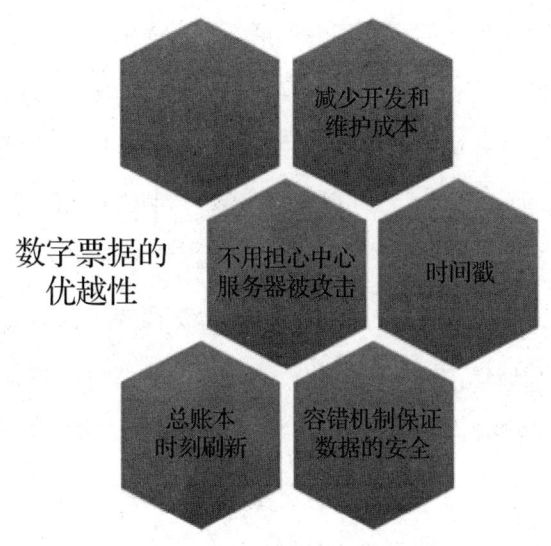

图 5-7 数字票据的优越性

首先，在中心化的设置上，可以减少很多的接入、测试中心系统的工作步骤，也就等同于是去除了分布式机构对于中心机构的依赖，节省了大量的开发成本。

其次，节省了接入的部分，那么相对的维护和升级，以及设备投入、数据备份、应急管理等内容都会相应减少。这同样也是资源和成本的节省。

再次，去除中心化后，就不必担心中心机器被侵入，或者是遭到一定损害，对整个流程会造成重大的、不可逆转的破坏力影响。事实上，区块链技术具有强大的容错机制。不会因为某几个节点遭到黑客攻击，或者是因为某一次或者几次的宕机而造成账本的崩溃。

最后，每个参与到交易中的节点都有一个实时更新的账本记录，保证了数据的可信性。只要这个生态中的链条越长，那么数据的可信度就越高，因为被篡改的成本也就越高。

还有一个很重要的地方，正是因为区块链的时间戳功能，所以在数字

137

票据的使用中，每一次的交易都能很清楚地查询到。

当然，金融系统和金融业务本身也会有一定的隐秘要求。因而，可以通过相应的技术，在满足金融行业的要求下对商业机密进行屏蔽。

区块链的时间戳技术，有利于交易双方对彼此之间过往的交易行为进行记录和累积，形成信用评分和评估机制，为创建良好的信用环境打下基础。一方面，如果票据在流转过程中发生法律纠纷，那么区块中存储的各种交易和流转信息，以及整个的行为过程都能清晰地展示出来；另一方面，在面对P2P等票据理财时，通过票据的数据调阅就能知道整个票据的流转状态，防止有人进行多次质押等欺诈行为。

在智能合约中，一旦数字票据被写入特定要求，那么在后续的票据流转过程中，就只能严格地按照这样的流程去执行。例如，可以在票据刚开始流转时，就将约定买回的时间写入智能合约中，等到后期，票据可以自动完成赎回并且买断。而且，智能合约的这种强制性，不需要第三方的监管，就不会出现执行过程中违规现象。

5.2.4 区块链下数字票据的生命场景

在数字票据的生命周期中，一般会经历承兑、流转和托收三个核心环节。这三个环节一旦加入区块链技术，就有了不一样的生命。

首先，在承兑环节中。打个比方，张三要给李四开个票。但是，这个区块链技术中已经没有了中心化背书，也就是说，已经不需要县太爷给张三背书。那么，单纯的点对点承兑，怎么能够让李四相信，张三是可以信任的呢？

在区块链作为比特币的底层技术时，比特币为了证明自己的价值，是采用了算力的办法。那么，在区块链下的数字票据，这个担保的过程就是由承兑环节建立一套完整的算法来完成承兑，并且生成相应的区块。

因为运用了区块链技术,所以数字票据的承兑不需要中心化的背书,省略了这个步骤,也为在现有金融模式下企业要去银行开通网银等的麻烦。另外,时间戳技术解决了交易双方对彼此的信任问题,不需要通过中心化系统的信息来证明票据的归属权。

同时,区块链的信任和安全的生态可以让企业安心。本身,企业是把风险嫁接转移到网银的信息安全,一旦网银遭到破坏,那么资产或者信息的丢失就是随之而来的、不可逆转的损失。但是在区块链的技术下,每个节点都有自己的私钥,如果私钥丢失或者是被盗取,随之产生的节点信息将会全网络公开,这对于作案者来说,等于是在光天化日之下、于众目睽睽面前抢劫或者盗窃。从这一点来说,区块链的安全性是非常高的。

另外,在流转过程中,一般是包括企业之间的流转、贴现、转贴现、再贴现,以及回购等一系列业务。在区块链技术中,这些复杂的流程可以编入智能合约的脚本中,到了指定日子时自动执行。同时在流转过程中,也可以参考比特币的交易模式,用公钥和私钥来进行匹配,这些数据信息同时由区块来记录。

区块链技术在这其中的运用,一方面是实现了点对点的交易,不再需要中心化的打扰和介入;另一方面也是通过智能合约来进行信息的可追溯,保证交易的公正、公平和客观。

最后,在托收环节中,也是因为智能合约在票据的到期日就已经写好代码了,所以系统会在日期到来之时,由持票人自动向承兑行发出托收申请。同样,这样的信息最后是由区块进行记录。在区块链技术的支持下,托收环节可以直接完成,不存在逾期或者是其他外界干扰因素。

从上面这些内容可以看出,区块链技术对于数字票据而言,具有划时代的冲击力量。相对于整个金融行业,乃至所有的、对区块链有需求的项目中来看,一旦在行业中运行起区块链技术,从普遍来说,不但节约了大量的人力物力，同时还能借助于智能合约创建出一个自动运行的，具有自我约束、自我监控和自我执行的生态系统。

5.2.5　银行跨境服务的基础建设和监管合规

在传统的金融交易中，银行在涉及到跨境服务等方面会有一系列的问题，最直接的后果就是影响服务速度，效率有待提高。

然而区块链技术，很好地解决了这一问题。

案例一：新加坡华侨银行完成首笔区块链跨境支付

2016年11月8日，总部位于新加坡的华侨银行成功完成了一笔区块链支付。该笔支付是在华侨银行马来西亚分部和新加坡银行之间进行的。

双方采用的基于区块链技术的支付方案，是由华侨银行和新加坡银行业支付解决方案供应商联手研发设计的。

这项技术，去除了银行在跨境支付行业中的第三方，也就是不再需要第三方背书。于是，交易实验的结果也就意味着，以后银行的支付将会变得更加方便、快捷和透明，同时成本也会随之降低。

在区块链技术的支持下，这一次的跨境转账，只在五分钟内就得到解决；而从前，同样的交易则需要一天。

新加坡银行业支付解决方案供应商总经理认为："这个区块链解决方案不仅能使银行内部网络完美运行，还能优化银行间交易。我们将继续采用新型技术，和银行共同合作为客户创造更好的支付体验。"

案例二：12家R3联盟银行成员使用瑞波币测试并获得成功

目前，更多的金融机构和企业对数字资产和区块链技术越来越重视；同时，加密货币也不再被银行和政府视为对敌，与之相反，它们已经接受并且加以研究。

现在,金融领域对于区块链技术的研发已经落实到实地操作中。2016年10月,来自R3区块链联盟的12个成员宣布使用分布式账本创业公司瑞波的本地资产瑞波币完成了系列测试。

实验是在R3实验室的设定环境中进行的,目的是为了展现银行如何通过XRP来节约资金和创建新的收入来源,并且资金可以在全世界银行账户内进行流通。此举一旦正式实施,银行业在向客户提供资金的时候,不但可以将延迟最小化,还能节约过程中的资金。

根据目前的实验测试结果,瑞波网络可以让银行使用XRP作为法定货币创造市场,最终可以在较少来往账户的情况下完成验证支付。等同于点对点的进行。

最初银行在进行跨境往来交易时,可能需要经历多个中转。就好比乘坐飞机去某地,途中需要多次转机,费时耗力。但是,在瑞波网络中,就可以直接到达需要转账的银行,同时银行在测试过程中还能控制自己的钱包,只是从一个虚拟地址向另一个地址转移资金。

在2016年早些时候,瑞波专门发布了一份报告,阐述分布式账本数字货币能够带来的节约成本。瑞波认为,可以为银行在国际支付过程中节约33%的成本。然而,在实际测试中,这个数字上升到42%。

时至今日,加密货币已经慢慢争取回本该属于自己的地位,赢得正确的看法。

此前,人们总是认为加密货币、数字货币,因为在区块链的支持下去中心化监控,很容易就会产生一些不良的副作用,例如成为洗钱的便利方式。然而,本次的瑞波测试,在设计时就考虑到R3联盟成员自己的监管需要,例如参与测试的银行成员有来自意大利、澳大利亚、加拿大、苏格兰等地,因而瑞波实验选择区域解决,而不是一味地使用联盟模式。

案例三：十位 R3 成员成功测试 KYC 登记系统

2016 年 11 月，西班牙对外银行（BBVA）、加拿大帝国商业银行（CIBC）、ING 集团、意大利联合圣保罗银行（Intesa Sanpaolo）、法国外贸银行（Natixis）、北欧联合银行（Nordea）、北美信托公司（Northern Trust）、法国兴业银行（Société Générale）、瑞银（UBS）和美国银行（US Bank）这十家 R3 成员，进行了一项 KYC 数据的测试。这次实验，记录并收集了企业和个人的身份信息，并且提供了第三方身份服务认证。

在此之前，R3 也宣布会在新加坡成立一个新的创新实验室，为的是创造区块链的应用测试实验环境，同时也为意向使用该项技术的金融机构提供一个测试平台。

新加坡央行——金融管理局（MAS）表示大力支持该项计划。

案例四：中国外汇交易中心加入 R3 区块链联盟

中国外汇交易中心是全国银行间同业拆借中心，简称交易中心，是中国人民银行的直属事业单位。

中国外汇交易中心的总部设在上海。它的职能不但包括银行间的外汇交易、人民币同业拆借、债券交易系统并组织市场交易等等，还包括提供网上票据报价系统、提供外汇市场信息服务等。

2016 年 11 月，金融创新联盟 R3 宣布中国外汇交易中心加盟。

据称，中国外汇交易中心加入 R3 后，不但会加大和全球大型金融机构的合作力度，同时还能享有分布式和共享账本的优势，为国内的金融服务行业带入开创性的商机。

R3 联盟目前的工作，是发挥区块链中有益于金融行业发展的元素，并且进一步发展扩大。

对于中国外汇交易中心加入 R3 联盟，联盟的首席执行官大卫·鲁特（David Rutter）说道："很高兴 R3 联盟能迎来中国外汇交易中心这个新成员。今时今日，我们不得不承认人民币在国际交易中的重要地位以及中国在全球金融市场中的影响力。他们的专业知识是一笔巨大的财富，能够帮助我们在日益全球化的金融市场中利用分布式账簿技术研发标准化用例。"

中国外汇交易中心副总裁许再越补充道："外汇交易中心致力于促进中国银行同业拆放市场发展，同时建立技术标准。我们意识到区块链作为一种新兴技术，能够重塑整个市场。与 R3 合作之后，我们希望能与国际同行一起，为金融市场建立区块链应用架构及平台。"

金融行业的转型已经是迫在眉睫。越来越多的金融巨头开始研究区块链技术在本行业中的运用，以期占据金融科技制高点，利用科技的优势，使其成为行业翘楚。

案例五：高盛等行业巨头相继脱离 R3 引发猜测

正如区块链的技术在探索中不断进步一样，区块链行业的竞争，也在持续升温。就在 2016 年 11 月，R3 联盟的创始人之一高盛（GOLDMAN SACHS）和西班牙桑坦德银行，宣布脱离 R3 组织成员身份。

但是，虽然它们脱离组织身份，却表示会继续研究区块链技术。

2016 年早些时候，R3 联盟表示正在研发 CORDA 平台，专供金融机构使用。R3 试图通过这个平台建立行业标准。

R3 首席工程师詹姆斯·卡莱尔（James Carlyle）说："我们希望其他银行和机构都能在 CORDA 平台上进行产品研发与创新，但我们不愿意看到每个人都去创建自己的平台……因为最终我们就会像一座座小岛一样，被孤立开来，无法互相沟通。"

然而，当R3在申请CORDA专利时，摩根士丹利和高盛并没有支持，而是转为申请自己的区块链专利。虽然它们的行为在R3内部饱受诟病，但这表明，正是因为区块链技术的前景太过优秀才会导致这样的结局。

正如高盛全球技术主管保罗·沃克（Paul Walker）所言："区块链将彻底改革金融机构的全球交易模式。"

这么一块诱人的蛋糕，在有野心的金融巨头面前，绝对不会只是甘心于任人支配份额。

桑坦德银行同样也一直致力于自己的区块链技术。这家金融巨头和瑞波（Ripple）及多家大型银行（包括联合信贷银行、渣打银行、西太银行和加拿大皇家银行）一起，创建了一个同行业银行，旨在研究区块链全球支付。

从高盛等创始成员离开R3联盟我们可以看到，撇去一些人为因素，区块链技术的发展和应用已经呈现出越来越宽广的前景。同时，区块链行业也越来越成熟，竞争也越来越激烈。

分布式账本技术在取代旧有的记账软件，处理金融业务方面的优势显现明显。因而，区块链技术真正落地、形成技术解决方案的这一天，也已经不再遥远。

可以说，就算是R3联盟的成员，在根据区块链发展现状考虑重新定位，也是情理之中。

5.3 彩色币的发展和应用

什么是彩色币？从币名来看，并不是说这种数字货币会涂上五颜六色，然后只是换了个马甲，其实本质还是比特币。

事实上，如果深挖彩色币，就可以很明显地将它和比特币区别开来，虽然它本身也是根植于比特币的一种数字货币。也就是说，其实彩色币就是特定的比特币。

彩色币有着比特币没有的属性。例如，可以支持代理或者聚集点，从而获得与比特币面值无关的价值。

在使用方面，彩色币可以代替货币、智能财产等其他金融工具，包括股票和债券。并且，因为彩色币本身就是比特币的一种，因而比特币所具有的优点，彩色币统统都有。从最浅显的角度来说，彩色币就是比特币的升级版。

目前，彩色币已经投入测试中，取得的成绩也非常理想。

案例一：彩色币技术令比特币闪电网络实现兼容数字资产

加密货币初创公司 Colu 发布了一个应用演示，展示闪电网络如何与彩色币兼容。这样的结合形式，意味着更多的资产可以在瞬间得到转移，以超高频的速度得到交易。

Colu 联合创始人 Mark Smargon 认为，这一兼容的功能，可以适用很多方面，但不是全部。

众所周知，比特币的交易频率因为受制于算法算力等问题，它的每秒交易吞吐量是非常有限的，同时交易成本也非常昂贵。但是彩色币的出现，可以弥补这方面的缺点，让交易从每秒约三笔扩展到每秒百万笔。

然而，我们根据中本聪最初发表的白皮书内容来分析，这种在区块链上额外存储数据，会不会对区块链本身造成膨胀影响，伤害到区块链整体的可扩展性？

这是一种有争议的想法。

目前，彩色币是在 Colu 公司模拟的私人比特币网络上运行的。测试者一旦点击 demo 页面，就会有一个新的闪电网络账本被创建。随后，测试者账户上会有 5000 美元，这笔钱可以通过闪电网络传输。

然而，这毕竟只是在测试环境下进行。如果要真正用在实际中，还是需要继续进行隔离验证。

案例二：区块链初创公司 Colu 发行英国本土数字货币

据称，加密货币初创公司 Colu 于 2016 年 12 月发行了在英国可以使用的数字货币。此次发行的货币一共是两种，即卡姆登币（Camden Pound）和利物浦币（Liverpool Pound）。这两种币是彩色币（colored coin）和闪电协议概念相结合的产物。

Colu 公司并不是第一次发行本土数字货币。在这之前，它的本土加密数字货币已经在巴巴多斯、巴西和佛罗伦萨等地区发行。发行本土加密数字货币，Colu 公司的初衷是为了能够带动商家和消费者，同时可以打造更好的外部环境，繁荣本土经济。

Colu 首席执行官阿摩司·梅瑞（Amos Meiri）说："目前我们的市场重心在英国。从下个月开始，我们会发展两种经济，一种在利物浦，另一种在卡姆登地区。数字货币技术使得消费者和商家间的价值转移变得意义非凡。该技术还能帮助我们了解相关的工具，了解用户需求，从而达到基础架构部署的目的。"

案例三：Ubiquity 完成彩色币首笔产权转让交易

由苏富比国际地产公司市场总监 Marina Reznik 全权负责的，在房地产产权平台 Ubiquity 上使用 Colu 的彩色币协议于 2016 年完成了比特币区块链历史上第一笔产权转让交易。在这笔交易中,她采用了彩色币的技术,将自己近期的房产购买记录存储到比特币的区块链上。

根据比特币脚本的可编程性,用户可以将数据存入区块链中,创造自己的彩色币。同时也因为区块链技术的特点,这样的记录是没有办法更改的。

目前,有一些区块链初创公司采用以太坊的智能合约来记录信息,但Ubiquity是直接进入房地产业务的首家比特币区块链公司。

Marina Reznik 认为:"房地产行业通常会进行彻底的产权调查来确保所有权的正确归属。我们负责处理产权纠纷。另外,房产的销售都是经过政府严格监管的。我们选择了比特币区块链技术只是为行业安全多加了一把锁,确保交易的不可变性。无论如何,房地产行业引进区块链技术对双方的发展都十分有利。"

尽管最初中本聪的目的是为了保证比特币的正常发展,但当区块链的技术为人们所重视起来后,"+区块链"的模式也逐渐得到扩充,并且它本身在除了比特币支持这一技术功能外,还能进行本身兼容性上的提升,达到优化该行业的交易和运营。

5.4 电子商务 Open Bazaar 前景猜测

之所以单独讲述 Open Bazaar,是因为这是一个非常具有代表性的平台。Open Bazaar 使用了区块链技术,交易只能使用比特币,性质上是属于去中心化的商品交易平台。

这个平台结合了 eBay 和 BitTorrentt 特点,但又和易趣、亚马逊等中心化服务的电子商务平台不同。因为通过 Open Bazaar 进行交易,不用担心个人信息泄露，也不用担心信息被平台搜集等，同时费用也降低了。

2015年，Open Bazaar获得科技行业的两大风投公司Andreessen Horowitz和Union Square Ventures的投资。

从现在已经有的发展来看，Open Bazaar的现状和运营的又是如何呢？会成为下一个"丝绸之路"网站吗？

在这里，先解释下，所谓"丝绸之路"网站是用匿名网络TOR和比特币这些比较特殊的技术，保护在网站上进行的毒品交易。美国FBI后来彻查了负责网站运行的主服务器，并且逮捕了宣称拥有这家网站的负责人。于是，一个10亿美元市值的毒品市场倒下了。

但是，如果比特币黑市分子用类似的技术，建立类似的网站，那么在上面进行的违法交易会更加难以追踪。

另外，在"丝绸之路"倒下后，又有一个比特币黑客小组开发了DarkMarket这个平台。这是一个不会被FBI调查攻击的完全点对点系统。一旦这个平台分布式体系结构成功运作，执法机构将可能开始新一轮的、网上非法销售的猫捉老鼠游戏。

那么，相比较上面两个暗网平台，Open Bazaar的发展会是如何，它会步"丝绸之路"的后尘吗？

虽然自从Open Bazaar推出后，人们总结出它和丝绸之路的相似处，例如提供了一种市场平台，人们可以在上面自由买卖，同时接受比特币为唯一货币，而且没有强制执行的严格规定。但是，如果仔细研究"丝绸之路"就会发现，其实这个平台并没有去中心化。而Open Bazaar只存在于比特币区块链，没有可以被攻破的服务器，而且Open Bazaar不能控制用户的资金。

目前，Open Bazaar尚未有非法产品，而且该项目团队的目标并不是小心谨慎地只是和产品非法不非法死磕，而是放眼于更大的局面。

Open Bazaar 希望，有一天可以和 eBay、亚马逊甚至阿里巴巴竞争。最致命的是，这并不只是空想。

2016 年上半年，Open Bazaar 已经获得众多的首创。这个点对点的数字商场，虽然还处于非常早的阶段、刚刚起步，但是它正在努力将自己塑造成一个严格的、安全的无政府主义的 eBay。

Open Bazaar 平台基于托管网络的节点传输加密，能够屏蔽掉一些简单的监控，而且聊天的内容也会通过终端到终端的加密，这将会使网络监控非常困难。

虽然 Open Bazaar 看起来似乎也有成为下一个暗网的可能性，但是正如前面和"丝绸之路"网站分析比对的关键性原因，Open Bazaar 在很大程度上是不会演变成"丝绸之路"的。

另外，也有部分人一直在怀疑，这到底是传统零售业的颠覆，还是暗网毒品的再一次重生？

但是有点技术的人都能查看到用户的 IP，就像在用户注册的过程中，这一点会鲜明地指出："Open Bazaar 用户默认状态下并不是匿名的。大多数当事人之间的通信是加密的，但 IP 地址是公开的，可以与网络上的活动联系在一起。恶意机构可以使用这些信息对你进行攻击；保护你的隐私是你自己的责任。"

不过 Open Bazaar 的团队试图提高 App 的安全性，提供更有效的匿名。"Open Bazaar 的加密聊天目前还非常地基础。它主要只是面向连接两个 Open Bazaar 节点，让买家和卖家进行交谈。例如，我们不做任何明确的尝试来隐藏 IP 地址，更多先进的功能会根据需要添加。这种区别允许在一个司法管辖区内销售和交易商品，而这在其他地方可能就是非法的，但并不是故意和鼓励让用户进行非法交易。Open Bazaar 是一个工具，而不是一种业务。"

根据团队负责人的这些话,我们可以分析出,除非 Open Bazaar 比暗网更适合毒品、欺诈、枪支等非法贸易,否则它还是安全的。

另外,如果 Open Bazaar 能吸引到大商家和独立零售商,同时也能够调动起持有比特币的买家,那么就很有可能以一种变革者的姿态震动市场。

事实上,用比特币在零售界进行消费,这并不用期待。因为就在 2016 年的"黑五",在 bitcoinblackfriday.com 上,这个网站包括了几乎所有购物平台为消费者提供的商品,要求是用比特币购买。

网站的广告是这样宣传的:

这是一次回馈比特币社区的机会,请提供最大的优惠力度和最优的产品。

当大部分消费者把超市和商店堵得水泄不通的时候,网络中正在悄悄酝酿一场革命。11 月 25 日,网上将出现大量的"黑五"折扣,每个人都能参与。但你需要记住一点,所有的商品只接受比特币支付。

比特币"黑五"为期一天,将接受比特币的商家和用户联系在一起。商家只需列出自己提供的产品,用户即可查看并进行购买。今年我们只接受那些高素质并关心比特币社区的商家。

当然,bitcoinblackfriday.com 平台是为买卖双方建立直接的联系,并不直接进行商品销售,只是起到汇总作用,并帮助消费者直接跳转到想买的东西的网站上去,并且这些商品能接受比特币支付。

此次参与比特币"黑五"的商家大约有近 200 家。

而 Open Bazaar 也打出了属于自己平台的广告宣传:"当然,我们认为在这些源于神奇的互联网的活动当天使用神奇的互联网货币购物再好不过了,对吗?今年,只要持有比特币你就能来 Open Bazaar 过一个轻松的'黑五'啦!"

从 Open Bazaar 的例子中可以看到，区块链和比特币的组合，运用得当，是可以成为一种新型的，或许会给零售业带来震动的组合形式。

但是，在去中心化监管的情况下，如何规避沦陷为暗网的风险，如何可以真正成为一个无中心化监管的、自由自主发展的"eBay"，还是要在实际的进程中进行不断修改的。

有一种说法，Open Bazaar 都去中心化了，那么还有马云的阿里巴巴什么事情呢？"买卖双方自己就可以达成信任"是 Open Bazaar 的承诺和目标。

但是，从目前大环境的角度来说，Open Bazaar 只会是商务平台的一种新形式的出现，用户可以自己选择是中心化的电子商务还是去中心化的电子商务，这比唯一论更适合新兴事物的发展。

第六章

区块链超越金融以外的应用逻辑

区块链技术发展至今，已经是属于一种超级技术级别了。关于它的发展前景，处于一种无限可能的状态。这种以比特币底层技术出现在人们视界，以P2P为基础的去中心化的新体系，实现了网络内自身的内证明功能。

最初，区块链是和比特币一起出现的，事实也证明，金融行业最早意识到区块链的价值，在深入研究的基础上进入测试状态。而其他行业不甘落后，对于新科技的探索关系着行业的自身发展，是不是能够在这一轮堪称科技革命的进程中，不说拔得头筹，起码不被落下。

下面的内容，我们大致看一些区块链在这些行业中最热的运用。

6.1 区块链+物联网：管理网络和交易具有天然优势

关于区块链和比特币的讨论，在进入2016年的时候，讨论焦点开始分叉。从一开始的金融行业如何使用区块链来调整、改变自己现有业务方面存在的弊端，分叉到银行金融之外的行业，如何用区块链技术为本行业进行提升。区块链的本质就是一种去中心化的、建立了共识机制，并且可以防止数据篡改的大数据结构；同时也是一个超级大的公共账本。

在"区块链+物联网"方面的应用所具有的天然优势，体现在下面的几个方面。

6.1.1 区块链和物联网的结合

近十年来，我们一直习惯于中心化的运作模式，任何行业都有中心化的控制点。但随着网络节点的爆炸式增加（当然这也和互联网的急速发展有关系），动辄数十亿元的交易就会产生一系列的问题。

同时，中心化的服务器也成为发展瓶颈。例如单独一个节点的问题，导致物联网非常容易遭到拒绝服务攻击。这样的状况将非常辖制物联网的生态系统，尤其是在运行重要任务时。

区块链技术在这个敏感时刻及时出现，或者说是因为时代的进步所以选择了它。总之，区块链技术可以使得分布式网络顺利建立，同时摒弃中心化的辖制。每一个合法节点都能在网络中登记生存，不需要第三方的认证，甚至技术的可扩展性令网络能够有计划地支撑数 10 亿以上的设备。

那么，物联网的概念应该怎么去理解呢？

物联网，"Internet of things（IoT）"，顾名思义，就是把事物都联系起来的一张网。这张网指的自然是互联网了。

从这里可以看出，物联网的核心还是互联网，所以物联网不过是互联网的外延和扩展；另外，这样的延伸，使得任何物品和物品之间利用互联网，可以进行信息之间的交换。如图 6-1 所示。

图 6-1　物联网的基础模型

设想，物联网是一个超级巨大的容器，里面有生活中所有的一切。例如汽车、微波炉、热水器、电视机等等，这些都可以容纳在互联网上。

但是，互联网会受到攻击。汽车需要启动，微波炉需要通上电源、进行设置才能使用，电视机、热水器等等也都如此。

那么，当区块链技术遇到物联网，会发生什么样的化学反应呢？

简单来说，可以认为是一种具有智能合约性质的、在到临界点就自动触发行为的、以区块链技术为支持的一种物联网运动结构。

打个比方说，你刚从写字楼出来，在停车场你掏出手机，开始对家里的一切物品发号施令。微波炉在你抵达家的前五分钟热好饭菜；空调的温度已经设好，在人体最适宜的 26℃；热水也在接到指令后自动开始煮沸……这一切听起来像是科幻小说里才有的场景。

然而，当"区块链 + 物联网"成为现实，这些都是极有可能发生的事情。万物互联的发展趋势，随着科技的快速进步，一切都在呈加速化发展了。根据 IDC 的统计报告显示，到 2020 年，全球物联网市场规模将增长至 3 万亿美元。

目前，物联网也正面临着混乱发展，尤其是要面对那么多的设备、那么多的连接、那么多的保护以及管理。

针对当前互联网底层基础设施现状，区块链技术该如何支撑起未来物联网这样巨大的发展？

6.1.2　区块链支撑起物联网的方式

最初，区块链技术在诞生时自带金融属性，所以最早的探索都是在金融范围内。随着思维模式的打破，"区块链 + 物联网"的结合形式已经在行业内大范围深入研究。

但是，区块链与物联网不是简单地相加，而必须要将区块链的技术进行拆解后，根据行业特点进行结合；同时为了节省成本，不浪费已有的技术发展，还需要进行一定的技术融合和再发展。

几乎是所有的行业，都会有信息安全和隐私保护的要求；同时根据物联网的发展现状，巨额的管理费用和维护给运营带来巨大的成本压力。

区块链虽然能很好地解决上述问题，如点对点的信息传输方式、去中心化和密码学的加密措施，这些足够解决物联网目前最大的问题。但是，区块链技术仍然需要根据现时的情况不断演进。

目前，物联网还在早期发展阶段，网络主要是由数据链接、远程监控和设备控制的技术组成。从另一个角度来说，就是一个自动化设备网络。撤去人为干涉，在触发节点运作的时刻由机器自动执行代码的行为。

可以说，区块链的闪光点，就是为这样的协议提供了最底层的技术支持。目前，我们已经看到了这个领域的初步兴起。

下面分享一些案例，让我们一起感受变革的步伐一直在接近，从未离开过。

案例一：香港 Chain of Thing 研究区块链航运应用

目前，香港区块链和物联网初创企业 Chain of Thing 已经收到来自香港特区政府的科技中心香港数码港（Cyberport）、香港科技园公司（HKSTP）以及两家运输协会的支持，致力于区块链在航运业的案例研究。

航运业的发展，一直饱受滞后的品控监控、合约分歧仲裁以及纸质文档欺诈等影响，随着互联网的进一步发展和电子文档的使用，虽然能解决一定的问题，但是也面临新的状况：容易遭受到网络安全的威胁。

2016 年 11 月 24 日，由 Chain of Things 在香港海运业周会中进行了一场案例研究分析。研究方向主要是区块链的分布式网络技术，如何和物联网链接，最终解决纸质文档的问题，并确保电子文档的安全。

这项研究，试图通过船上或者是集装箱的传感器搜集到运输情况，然后在生态中传播，并且通知预先设定好的智能合约。

采用这项技术的好处是，一旦发生和预先设定不符的事件时，有利于在第一时间内进行补救；如果产生违背合约的行为，那么智能合约就能自动退款。

这样的执行力，不需要第三方裁决，也不用通过诉讼或者仲裁，而是直接按照流程走，方便快捷，同时公正。

Chain of Things 强调了本次案例研究的目标：首先，确定航运业中能够用区块链 + IoT 来解决目前的问题；其次识别并且量化这些问题的风险度；最后是确定定点运用。

在分析了 Chain of Things 的研究项目后，我们可以看到，"区块链 + 物联网"的技术，在行业中的发展有着广泛的适用性。一旦链接对了，就能发挥出令人惊讶的魔力来。

案例二：IBM 区块链——基于碳减排的最新研究

北京能链众合科技有限责任公司（简称：能链科技）与 IBM 共同宣布，双方将在使用区块链技术的基础上，共同开发、部署在结合物联网的基础上，构建金融、节能、环保的统一碳资产管理平台。

这项研究，最终目的是应对全球气候变化，鼓励企业使用碳减排技术进行生产。

目前，中国已经连续八年成为全球最大温室气体排放国家。尽管每年国家对每个地区有严格的碳排放减排指标，为的是敦促企业将有限的资金投向于绿色科技碳减排技术的创新。

然而传统的研发费时费力，成本也高，同时还牵涉到众多部门的通力协作。例如政府监管部门、行业管理部门、碳资产交易所，以及第三方核查机构等等。这样的研发方式流程复杂、效率低下，不容易取得成绩。

第六章
区块链超越金融以外的应用逻辑

现在，能链科技和IBM基于区块链技术，建立起高效的碳资产交易市场，有望成为控制碳排放量的重要途径。

首先，区块链的技术在不断演化中，可以和现有的碳资产交易平台无缝对接，每个节点都享有大数据账本，这对开发研究碳资产来说，能节省很大一部分的研发时间。

而区块链技术中，将信息数据的不可篡改性运用到碳资产交易平台中，保证了平台的每个节点数据的真实性，有追溯功能，同时对生态中的每个成员都是透明可见的。这就免除了第三方的背书，同时也不会存在需要仲裁等事情的发生。因为一旦有问题，所有的数据都可以从区块链的节点中找到盖有时间戳的证明信息。

另外，能链科技还建立了智能合约的协议，这些协议能为需要减排的企业精确计算出可开发的碳资产额度。这对中国节能减排来说，具有非常重大的意义。

这个项目的研发，预计比传统的碳资产开发周期平均缩短40%～50%，节省了大量的成本和人力物力。

中国国家应对气候变化战略研究和国际合作中心主任李俊峰表示："《巴黎协议》签订后，中国作为重要缔约方需要承担起践行全球气候问题治理的大国责任，继续兑现2020年前应对气候变化行动目标，积极落实自主贡献，建成全国碳排放交易市场，有效地控制与约束高耗能、高排放的行业与企业，鼓励清洁能源发展，进一步推进节能减排事业的发展。这不仅是推动我国可持续发展的内在需要，也是我们打造人类命运共同体的责任担当。"

能链科技首席架构师曹寅表示："我们很高兴能与IBM在碳减排领域达成合作，共同构建碳资产开发平台。作为平台的开放商和运营方，能链科技还会与碳资产交易市场合作一起促进平台的发展。IBM是超级账本

(Hyperledger)项目的重要发起者,能链科技也已加入超级账本项目,开源环境的超级账本项目为我们共同在碳资产交易市场中利用区块链技术实现突破创新奠定了坚实的基础。此外,IBM作为'绿色地平线'项目的创始者,也一直在不懈地推动中国环境保护与绿色发展,这与我们投身碳减排事业的初衷一致。我们计划携手IBM,共同将区块链管理碳资产的模式推向全球,形成跨国碳交易市场,建立全球绿色低碳发展生态,共同应对全球气候变暖问题。"

IBM大中华区董事长陈黎明表示:"IBM与能链科技应用区块链技术在碳减排领域的这一探索具有重大意义。这是IBM基于创新技术,助力中国企业积极建设合作共赢、公平合理的全球化气候变化治理机制的重要一步。作为超级账本项目的重要创始成员,IBM致力于提供更多创新的企业级区块链技术平台和解决方案,帮助中国企业推动区块链生态体系的构建。"

上述的讲话内容已经明确表示,"区块链+物联网"的结构,在涉及到人类环境改造等方面也会有更大的发展空间。并且,"科技以人为本"的观念始终如一地在践行着。

案例三:绿色经济区块链带来的新变革

每年的"双十一",还有后来出现的"双十二",是电子商务平台的一场酣战。在引发国民买买买狂潮的背后,是物流行业的瘫软性服务。

爆仓、丢包、错领误领,以及信息泄露等事件随时都会发生。

虽然物流行业有赔偿承诺,但真的操作起来,互相之间的扯皮和推诿、已经赔偿和损失之间价值的严重不对等,让交易双方都心生不满。

然而,随着区块链和物联网的结合,给物流这样的行业带来了新的生机。

第六章
区块链超越金融以外的应用逻辑

前面,我们花了大量的笔墨解释了什么是区块链。对于物流行业来说,区块链的区块中含有每次交易的所有信息,同时还盖有时间戳和数据不可篡改性,这几点是至关重要的。

区块头部分负责连接到上一个区块,并且因为有时间戳的保证,所以保证里面含有的数据具有完整和可信度。区块体部分,含有本区块创建中的所有信息。正因为区块有这样的数据结构功能,所以才能在物流行业以及众多行业中,具有对产品的溯源防伪的功能。

另外,区块链还分为公有链、联盟链和私有链。其中公有链是公开的,每个节点任何人都可以参加,数据的读取和写入支持每秒3～20次。联盟链和私有链的各个节点的写入权限由内部控制,支持每秒一千次以上的数据。读取权限则是有选择性的对外开放。主要是针对特定机构的内部数据管理和审计应用。

那么,在区块链和物联网的联手下,到底对物流行业产生了什么样的影响呢?

依然回到"双十一"。

新加坡初创企业Fresh Turf与IBM合作,建立了区块链技术之下的储物柜信息。所谓储物柜信息,指的是当快递员开始配送快递时,买家只要拿着手机就可以追踪快递信息。特别是当快递员送达快递时,需要对方的私钥签名。于是,当发生丢件或者类似扯皮的事情时,只要查下区块链的储物柜包裹信息就可以了。这种方式节省了大量的时间和人力,并且可信度达到100%。

另外,在电子商务平台上,打击假货一直处于"猫和老鼠"的状态。然而有了区块链和物联网,这个游戏就可以结束了。

很多人都认为,在买小件东西的时候去网上买,哪怕买到假货也问题不大。不过也正因为有这样的担心,于是电商平台推出某猫,或者是某某

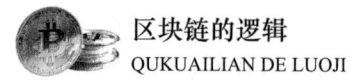

品牌的旗舰店，试图给买家一个安心的购物平台。

然而，尽管如此，在涉及到贵重物品的时候，例如珠宝，人们还是更倾向于去实体店买。不过，这样的思想观念也有望得到改变。

Everledger 公司和 IBM 达成合作，用区块链技术开发系统，记录类似于钻石这样的奢侈品从矿区到首饰店的整个流程。区块链技术将为钻石建立身份标识，并且每颗钻石的属性都会如实记载在区块链中，随时接受检查。只要有造假或者虚伪信息，随时都能被检查出来。

案例四：IBM 和沃尔玛达成战略合作关系

作为全球最大的零售商，沃尔玛如果要搜寻自己某个产品中的原产地，所依赖的 IT 基础设施需要几天时间才能搜到。

例如，某个消费者食用沃尔玛的产品产生不适，那么沃尔玛的 IT 部门根据消费者提供的信息，需要分析各种数据库和服务器，耗费比较大的人力和物力来找到食品的原产地、供应商、装货时间等重要信息。

然而，沃尔玛一旦使用区块链技术，那么消费者和企业都能从区块链的生态环境中找到有关这个产品的信息。而区块链本身的去中心化特质，可以保护沃尔玛的区块链网络不被篡改，保证数据的可靠性。

阿肯色州本顿维尔地区的沃尔玛食品安全副总裁弗兰克·义安纳斯（Frank Yiannas）表示："通过区块链，你可以实现战略转移，让消费者和公司放心。我们相信提升可追溯性对于食品系统的其他方面也有好处。我们希望你能获得其他的重要属性，掌握关于食品流动的信息，甚至还能提高效率。"

虽然沃尔玛的区块链网络还没有对外正式公布，但是 Yiannas 表示，沃尔玛使用的基于 IBM 的区块链系统平台，是完全属于沃尔玛本身的。

另外，如果沃尔玛用 IBM 的区块链网络对自己的商业产品进行大规模的整合和部署，那么，沃尔玛很有可能会成为目前为止最大的区块链实施者，专门用来跟踪商品的出货、原产地等所有状态。

最终，"区块链＋物联网"的结合并不止于物流行业。如图 6-2 所示。

图 6-2　区块链运用生态圈模型

预计 2020 年，全球物联网设备将达到 250 亿台左右。按照传统的中心化模式进行管理，将需要投入大量的基础建设，同时中心化的网络模式存在的安全隐患非常大。

现在区块链技术的出现，不但从根本上解决了这些问题，还能有效地促进金融交易，形成真正的智能电网，以及使用区块链技术提高效能的行业成长。

6.2 区块链+知识产权：有效保护学术界

将区块链和知识产权联系起来，本身也是最近比较火热的一个应用讨论点。

从需求上来说，随着"3·15"维权，很多关于知识产权的问题都存在着取证难、维权难、定论难等问题。然而，这些问题一旦放在区块链的技术面前，一切都可以迎刃而解。

区块链技术的时间戳、信息的不可篡改性和智能合约等，都是解决维权问题的利器。

首先，区块链技术提供了一种不可更改的、去中心化的网络交易注册形式。目前，越来越多的公司开始从事数字内容注册技术的研究开发。

内容注册，主要是指版权注册。包括记录作品的原始所有权归属，以及后续的所有交易等。因为区块链的网络生态环境中，每个节点都能记录每次的交易，尤其适合利益可以分割的版权交易。

目前，版权注册是非常零散的。作品每天每时每分都被创造出来，在美国，如果有人侵权，自己又要起诉，那么首先必须你要注册。而目前，大量社交媒体创造出来的作品，例如自媒体平台上的文章以及拍摄的照片，一般而言根本做不到去注册。

根据区块链的技术，可以做到在区块链上注册的作品，信息安全而且不用担心被篡改，注册时间性几乎是瞬间，费用相对低，对于作品的后续交易都会进行追踪和记录。同时在区块链注册的生态环境中，每个节点都会知道作品的拥有者是谁。如图6-3所示。

针对日渐庞大的自媒体平台上的作品，哪怕作者在发表的同时就宣布了所有权，但是依然无法阻挡猖獗的盗窃。如果使用区块链技术，作者可以为自己的作品创建一个时间戳，作为自己作品的持久稳固的属性。一旦作品有盈利的一天，就可以名正言顺地享用自己的劳动成果。

图 6–3 区块链 + 版权

目前，已经有使用案例。

案例一：Blockai 建立区块链数字知识产权平台

Blockai 2015 年成立之初，试图将区块链技术和社交媒体结合，形成允许用户发送信息和鉴定产品的平台。后来，Blockai 决定将技术用在帮助艺术家声明和证明自己对图片拥有完整或者部分版权。

整个服务过程，首先，需要在平台上进行注册。随后 Blockai 会向用户提供免费试用服务，包括为用户提供他们想要声明具有所有权的文件。

在文件拖拽好后，Blockai 会在比特币的区块链上创建区块，记录文件的生成和内容，并且形成一个可以供注册者保存的证书。

等免费期过了，Blockai 对插入的记录会收取一定的处理费用，通过网络使用 Blockai 钱包支付。

通过这样的区块链注册形式，用户可以在一定程度上避免某些居心叵测的人去盗窃他人版权的行为。

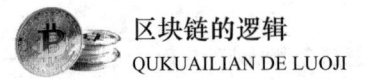

案例二：区块链实现全球知识产权数据库的建立

目前，区块链技术已经延伸到媒体领域，包括作家、摄影师和音乐人等。之前，这部分群体正面临一个长久以来都困扰着他们、无法真正解决的问题：如何又好又快地解决版权问题。

现在，面对这种挑战，Mediachain作为这个领域内的一个独特项目推出元数据协议，帮助作者在项目上添加信息，同时通过时间戳的技术将作品信息传输到区块链生态圈，并且存储在区块链这个分布式的账本上。作品的每一次交易更变，交易信息都会传输并且保存在每个节点上。

开创Mediachain的是Mine公司。建立这个项目的宗旨，是利用机器学习能力和区块链技术来提供服务，不单使身份认证信息可以附加在文件上，还能反向进行，通过对文件的查询来寻找到创作者。

最初，Mine公司的联合创世人是这样认为的："通过拖拽、复制粘贴等手段，图像是最容易在互联网上分享的媒体类型。图像会像病毒一样传播，但是其创造者和内容所有者却很难从中受益。我们非常看好Mediachain担当图像的全球知识产权数据库。"

于是，他们在定下这样的服务内容后，确定了未来的目标：所有人，一旦要转发图片，只要在Mediachain里搜寻就可以了，包括历史信息都可以查到。

Mine的创立人之一Waiden表示："Mediachain的目标是为身份和发行做分类交易。我们的平台是身份层，在这一层上可以建立发行平台。"

在涉及到音乐问题时，Waiden说："考虑到全球曲目数据库（GRD）曾经的失败，Meidachain去中心化的本质是项目成功的关键。"

GRD是一个知名度和投资规模都在Mediachain之上的项目，旨在建立一个音乐知识产权和作品的数据库，然而却因为项目没有能在完成交付和融资的情况下宣告失败。

Waiden认为,处理数字知识产权存储的最佳途径,并不是靠集中式的解决方案。真正建立全球曲目数据库,需要的是去中心化。一旦Mediachain完成并且投入运用,很可能就会被目前盛行的流行社交媒体接纳并且整合。

目前,Mediachain正在探索和Facebook和Apple这样的掌控着全球主流媒体内容的平台合作。

我们相信,Mediachain是一个创新型的独特项目,它的出现毫无疑问是区块链技术所促成的。庞大的全球知识产权数据库在区块链技术的支持下必定更加完善。

案例三:Revelator筹集250万美元用于区块链和版权的结合

"如果你每天都有数据,那么我们为什么不能每天进行交易呢?"Revelator的创始人兼首席执行官Bruno Guez说,"如果你有1000次下载,我明天可以支付你700美元。区块链技术确实为音乐行业提供了一个颠覆性的技术,虽然区块链不能解决音乐行业中的所有问题,但是我相信我们目前的产品会给音乐带来新的功能。"

Revelator这个以色列初创公司,承诺可以有效地跟踪音乐版权以及分配版权给其所有者。

它通过发布版权注册以及多重签名来保护资产的安全。同时,平台上的作家可以一键点击查看股份,并不需要发送请求给第三方许可。这减少了中间环节的流转和摩擦,让作者真正看到销售记录。

Revelator的终极目标,是希望版权所有人可以用区块链的技术说话,去解决音乐上的或者其他方面的版权分配和买卖问题。

案例四：华夏微影区块链版权交易中心产品发布会召开

2016年11月18日，中国首个基于区块链的影视版权交易平台产品发布会在杭州径山微电影小镇隆重召开。

本次产品发布会中，央视微影区块链设计首次曝光。共有三种链：公证链，金融链和法律链。

其中，公证链包括实名认证和作品登记；金融链用于版权交易、平台分账和政府报税等；法律链用于电子证据、维权依据和线上仲裁等。

6.3 "+区块链"在中国的无限种可能性

区块链可以附加的行业有很多。从"金融+区块链"开始，一直延伸到公正防伪、智能合约、物联网、身份验证、市场预测、资产交易、电子商务、社交通讯、文件存储等等。只要行业有需求，只要区块链能满足，就是适合的。

目前，区块链在中国有着广泛的应用场景，大致包括三个层次。如图6-4所示。

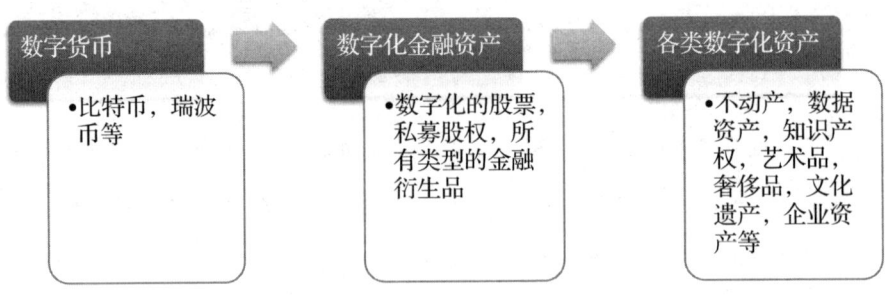

图6-4　区块链在中国大致的应用场景

作为比特币的底层技术，区块链被人们所熟知，也正因为比特币的稳定可靠和被追捧，区块链技术得以进入人们的视野。

6.3.1 "+区块链"在中国目前的发展现状

目前，数字货币是区块链最成熟的应用。

但是，纵观区块链的发展，它有很大的兼容性。从区块链 1.0、区块链 2.0 到区块链 3.0 等，已经延伸到数字化资产。

直观地说，区块链的技术已经从支持比特币的数字货币开始，慢慢扩大范围到数字化的股票、私募股权、众筹股权、债券、对冲基金等，以及所有类型的金融衍生品，如期货、期权等各类金融资产。

最后，上升到社会经济的各个领域，涵盖了艺术、媒体、文化产业和智能资产等。

从广义上来说，区块链的产业生态环境包括的范围极其宽泛。从最底层支持的基础设施服务，到中间层平台和客户端，包括智能合约、区块链平台服务等，到比特币交易所、支付钱包、银行卡、智能资产、互联网金融、房地产、保险、信贷、兑换、众筹等，最后是提供配套投资，媒体，咨询等等。总之，在所有需要区块链技术的产业中，都会涌现出一批代表性的初创企业。

然而，今时今日，区块链的研究和开发依然是处于摸索阶段，区块链的产业也还处于发展初期。但从另一个角度来说，这也代表着区块链的应用存在着较大的发展空间。

在我国，区块链的发展还处于初始阶段。和国际上的区块链发展轨迹差不多，我国的区块链发展也同样是首先发起于金融行业。金融机构开发的数字货币、数字票据，以及金融资产交易、股票、资产管理、保险等等，几乎涵盖了所有的金融体系结构。

而以央行为代表的国家金融机构，也积极探索区块链业务的开发和应用。众多银行也紧跟世界同行的潮流，为了不在这次的变革中落后，纷纷加入了区块链研究和应用的队伍中。例如工商银行、平安银行开启区块链概念验证，中银香港的抵押贷款估值系统验证，阳光保险的航空意外险卡单验证等。

几乎与此同时，能源业、出版界、政府公益、房地产等相关行业也纷纷出现初创公司探索的身影。

但是，我们也应看到，区块链在数字货币方面发展和应用得非常好，各种数字货币层出不穷；然而在数字资产的交易、数字票据等方面，以及比较重大的金融结构方面，却是还处于非常薄弱的、尴尬的状态。

应该说，区块链在金融方面的应用还是需要平衡发展。而且，在落地发展中也需要政策的支持。因为区块链技术有一个很大的特点，就是去中心化。去中心化的对象，一般就是指监控部门。例如处于主导地位的银行，处于监控中心的政府部门等。

应该来说，具有中心化的体系，其优势也是比较明显的。首先，大企业、大公司和政府机构作为第三者的背书，大家都比较能接受，同时也习惯于信赖。虽然一旦出现问题，例如在需要投诉或者是仲裁时，流程时间会比较长，也就是低效率的事情，但是在长期的运行中，这样的模式已经被大家所习惯。

可以说，当没有了第三方背书的前提，完全的区块链技术支持下的每个节点都有着一样的权利和义务，一旦真正出现问题（万一有这样的BUG出现），那么应该找一个怎么样的第三方来调解和仲裁？

或许，这是区块链发展的一个分叉点。

6.3.2 "＋区块链"的发展顺应现状

目前，区块链的发展已经处于一个分界点。区块链在各种数字货币和

第六章
区块链超越金融以外的应用逻辑

金融领域,以及保险、能源、政府部门、证券交易、公证、知识产权等方面的应用广为人知,同时也取得一定的成绩。但是,在这些领域,看起来区块链的技术虽然可以让它们更好地运作,但也没有到一定要、不得不变革的时候。也就是说,并不是具有强制性的变革态度。只能说,用了区块链的技术,这些行业的运行会更好而已。

而在一些新兴的领域内,例如物联网、数据资产、互联网公治等范围内,要求变革的声音倒是更为迫切。

因而"+区块链"的模式,总体来说,适应很多的场景。例如数字货币,需要去中心化的数字存储应用、去中心化的交易系统、去中心化的网络平台应用,一个可以不对等信息的、但是生态环境充满信任的平台,以及平等合作的经济系统等。

案例一:万达集团推出"区块链+大数据"的"大力神"方案

2016年11月23日,在万达联合大型软件公司Cloudera推出"大力神"方案的前几周,Cloudera的金融服务人员就区块链技术在大数据市场的应用发表博文进行分析。文章中,还转述了Cloudera核心工程师Joao Salcedo的一些话:"随着大数据让越来越多的预测建模成为现实,区块链技术有助于将这些预测变成实际行动。这种技术可以结合大数据,分层到反映—预测的转换过程。这意味着分析可以有助于开发者量化修改的风险和好处到区块链协议,以及监视麻烦的行为。"

就在这篇博文发表后的13天,万达和Cloudera正式确定合作关系,除了会继续开发"大力神"项目,还会努力将区块链解决方案整合到其他行业中去。

根据《凤凰财经》报道,万达集团的一位发言人表示:"行业对大数据和区块链技术的需求正在越来越大,然而市场目前并没有一种一站式开源解决方案能够满足企业的全部需求……'大力神'项目就是设计用来让企业组织更容易在现有的大数据集群上部署和管理区块链应用。"

案例二：格鲁吉亚共和国将用区块链管理政府文书工作

格鲁吉亚很可能是首个部署分布式账本技术的欧洲国家，他们计划将基于区块链的文件系统用于政府文书工作。在这其中，房地产交易将率先使用区块链技术。

根据格鲁吉亚共和国司法部长特娅·楚卢基阿尼所言："从严格意义上讲，我们已经准备好与区块链系统相连。区块链是一种现代技术，用于在线存储文件。我们计划初步将该系统用于记录交易文件。多亏了公共登记处的努力，格鲁吉亚已经做好采用这一系统的准备。房地产交易信息将记录在区块链上，这只是第一步。不久，我们会出台详细的通知，告知民众这一消息。"

格鲁吉亚电费和劳动成本低廉，比特币基础设施供应商 BitFury 在这个国家拥有两个矿区。与此同时，格鲁吉亚从政府到民众都对区块链技术表示出莫大的兴趣。

案例三：小蚁生态迎来反应链科技加入

成都反应链科技将加入小蚁生态，负责运营小蚁生态前端的微天使。此前，2015 年的微天使是由氪氪科技负责运营；2016 年，微天使是处于自由发展阶段。

成都反应链科技定位于科技金融领域，其团队对于私募基金和一、二级市场的交易定价，以及线上平台运营有很丰富的经验。

而微天使则为小蚁区块链和小蚁生态提供资产项目登记到发行、流通等一条龙业务，在氪氪科技和反应链科技的前后运营下，将推出相应的优质众筹项目。

微天使将上线币创网的小企股和开拍学园的开拍学园币。

小企股是指在币创应用生态链中使用和发行的代币，币创网则是一家区块链产业服务商，其最终目的是建立互联网金融资产新生态。

而开拍学园币也是一种虚拟货币，它将在小蚁区块链上登记注册，并通过小蚁区块链进行数字认证。

从这个案例中我们可以看到，小蚁基于区块链技术，在把现实世界和资产、权益进行数字化的过程中，通过点对点的网络进行登记发行、转让交易和清算交割等金融业务的去中心化网络协议，正一步步扩大自己的行动范围，不断开拓区块链技术的疆域。

第七章

区块链的局限逻辑

自比特币横空出世之后，区块链技术随着比特币的火热进入人们视线。从最初的金融行业首先进行技术研发，到后来各行业巨头纷纷加入区块链技术的研发中，这个看起来非常直白简单的底层技术概念，在各方面的重金布局下，令一些研究者声称"这就是新一轮的工业革命开始"。

然而，任何事物都有其局限性，区块链也是一样。

7.1 需要权威机构为区块链协议下的软件系统背书

传统中，信任环境的建立需要一个中心化的机构来背书。于是，政府行政机构，或者是大银行、大企业、大财团等纷纷充当背书角色；再或者，可以将所有的价值转移存放在一个统一的中心服务器中，虽然这个服务器随时都有可能面临各种攻击，或者因为自身的BUG遭到破坏而导致系统瘫痪，但是在没有更好的中心化技术出现之前，这种形式可以认为是相对运用最方便的了。如图7-1所示。

图7-1 最为认可的传统中心化机构

但是，区块链技术的出现带来了信任的生态环境机制。在这个机制中，可以做到去中心化。然而，尽管交易双方不需要知道彼此的信息，也不用相信交易双方所依托的任何中心化机构，但是依然要相信，支持区块链技术运行的平台和平台的协议。

而这个平台或者协议能让交易主体信任,很大一部分的可能性还是需要有权威性的机构,或者是相关领域的大公司、大财团来进行推行和背书。

例如R3CEV公司,核心职能就是制定银行业区块链技术开发的行业标准,组建银行业的区块链组织,同时也将推出可以适用各行业的、由区块链技术支持的平台。

本质上,世界各大银行巨头都希望运用区块链技术,在解决相互之间信任的基础上建立全球一体化的金融往来体系,链接现有的彼此之间的金融系统,降低互相之间业务往来的成本。那么,使用哪个平台来进行这样的链接,就是一个很大的问题。

如果没有大笔资金的投入来搭建平台,如果没有各个银行巨头的加入,如果没有各方面的背书支持,这样的平台很难获得生存的机会。

其次,就去中心化概念而言,是指整个系统没有中心统治者,每个节点之间自由交易和链接,只需要遵守协议就可以在生态中完成因果关系。

就好比我们现行的货币系统背靠的是政府,银行业则是以中国人民银行作为中心,支付宝是阿里巴巴等。这些都是我们日常用惯的。但是,区块链的技术,就是将这些中心化去除,直接是点对点交易。就是没有政府,没有中国人民银行,没有阿里巴巴等。

然而在真正实施以后就会发现,技术的渠道并没有这样畅通。

除了比特币,其他在区块链技术上运用的数字货币并没有那么多,很多都还没有落地。因而,在目前区块链技术发热发烫的前提下,必须要冷静思考,实现金融行业建立在区块链技术上的转变,是做到颠覆还是并行?还是有的放矢地取舍?

区块链技术去中心化的特性是有限的。相对在私有链和联盟链上进行去中心化，其实需要更高层级的机构或者中心对整个区块链进行把控。

7.2 谨防攻击者

关于安全性，基本上可以定义为"按照预先设定好的发展，防止出现任何不该出现的事情"。根据以往的互联网发展经验，不管是多么"成熟"的技术或者是多么"完美"的方案，可预见或者不可控的风险总是会如影相随。

风险的来源，可能是因为本身的系统问题，也有可能是出自系统外的或者是软硬件问题。一般而言，在项目进行时，模拟风险环节，建立特殊的安全需要，确保在风险来临时有积极的应对方案。

例如，作为区块链技术支持的比特币，在去中心化和建立信任机制后，任何一个试图恶意攻击系统的行为都必须要花费大量的资源。

至于个体使用者来说，如果对方想要盗取电子钱包里的比特币，首先对方得要知道自己的私钥。为此还必须要破解密码。从这方面来说，钱包里的比特币被盗的可能性非常小。

与之相连的分布式账本，可以使该生态内的所有交易双方，很轻易地就能检查到公共账本中某个特定的记录，同时公共账本的特性可以保证链条内所有交易者的账本时时更新，账本信息完全一致。这个特质可以有效阻止比特币的双重支付。

区块链技术的时间戳、完整的数据库结构、有效的信息档案管理以及点对点交易，可以降低服务成本，并且高效便捷。

在传统的中心化机制中，第三方信誉背书出现的问题并不少见。例如当中心机构被黑客攻击，会产生大量的信息泄露和无效证书的发放，很大程度上还会导致资金的损失。

第七章
区块链的局限逻辑

在区块链技术中，基于安全性方面的天然优势，抗攻击性和系统本身的健壮性来说，公有链更胜一筹。因为参与到生态中的人越多，有效交易越多，生态就越安全。至于私有链和联盟链，虽然抵抗攻击性和健壮性会稍微弱一点，但是有利于平台发展和功能的完全发挥。

然而，在安全性的界限内，并不是单纯只有存在安全隐患的中心化和使用区块链技术达到去中心化这两种选择。现实中，还是有很大的中间地带。例如，依赖于一个中心化控制的服务器建立起区块链，并在此基础上采用分布式账本的结构进行交易。很明显，这样的设计，能很好地吸收两种交易的优点。

但是也要看到，具体使用哪一种方案，还是要考虑到具体项目的类型和账本的使用特性，要先分析好业务和安全性。

例如，当有关部门设计一个专门捐助老弱病残的福利系统时，该项服务的稳定性和安全性是最重要的因素。其中，很大的威胁是来自于系统外的黑客攻击或者是为了谋取不正当利益而攻击那些领取福利的个人的罪犯。如图7-2所示。

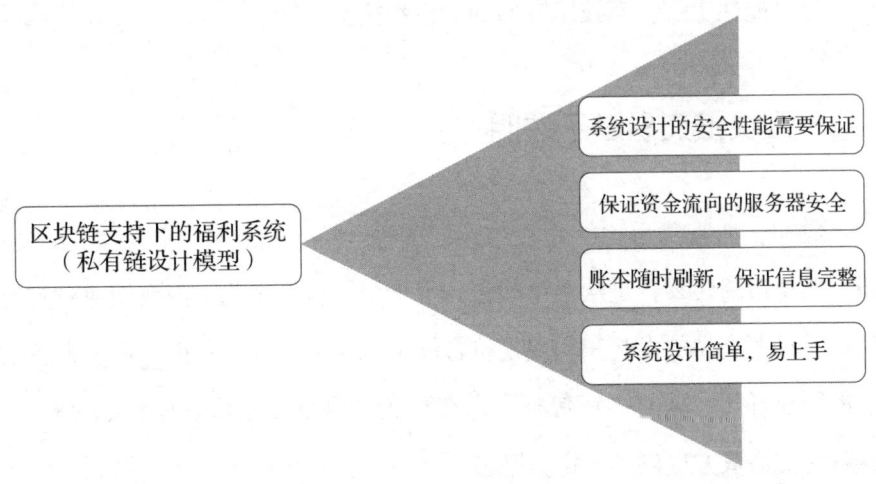

图7-2 福利系统基础模型

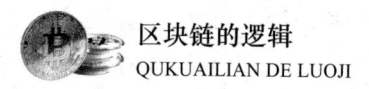

针对这样的风险，设计系统的时候，首先要考虑到老弱病者的特性，争取系统的设计越简单越好，用户不需要有多少的专业知识，甚至只是会最简单的操作就能上手操作。并且，系统中还要配有高等级的安全方式，确保用户的信息不会被泄露出去。

在每一次的领取后，每个节点都能收到最新的账本信息，确保哪怕是发生断网或者是其他不可控因素时交易信息的完整性。

另外，系统中所有涉及到资金流向的服务器，要有防御攻击的手段。

再比如，在现行系统中，如果是涉及到救助、爱心捐助等定点定投使用的，借助区块链的技术，系统可以在专有服务器中进行，同时链条中所有使用者都拥有自己的账本，每一笔资金的动态在整个生态中都能得到广播。当预警到会有比较强大的网络攻击时，要有相对应的预案措施。

从区块链技术目前的发展态势来看，已经有部分系统因为使用者软件不同，虽然可以兼容平台，但是却能因此创造出不同的"分裂"链条，对生态环境造成威胁。

从这些方面来说，如果由政府或者大公司、大企业监控的系统，在安全性和可能性上都要有技术方面的考虑和拓宽。

7.3 区块链交易过于透明

最初，加密货币比特币在中本聪的理念中，有一种"匿名性"的特质。比特币的转移，是从一个钱包到另一个钱包，彼此不需要知道对方的信息，只要交易的发起和完成是符合技术规定的，并且获得节点上大多数人的同意即可。而且，钱包与个人在真实世界身份之间会有一定的隔阂。这就为交易双方提供了一定的隐私性。

这样做的好处是，假设中本聪在一开始给比特币的钱包创立，需要身份验证,那么就有可能会产生提供身份验证的对象,可以挑选创建钱包的客户,或者直接阻挡这些交易,甚至拒绝有些用户的比特币对应的价值。而链条上的其他节点对象,在每一次交易的时候也会担心,这些比特币的价值在将来是否能顺利兑现。

因此,中本聪采用了比特币可以避开现实世界中身份验证的环节,同时也保留了比特币作为货币的无条件存储价值的特点等。

但是,个人和钱包之间并不是完全匿名的。在区块链技术中,区块的数据存储就是每一次交易的记录,在这个生态中所有人都可以看到,并且也都可以追踪这些交易。例如,一旦发生比特币丢失的现象,就可以根据链条上的交易记录找到这个特定的钱包地址,甚至还能因此而找到某个真实的人。

从这个方面来说,虽然中本聪已经将比特币在区块链的技术支持下设计成匿名性,然而这种特性其实很容易被攻破,再加上区块链技术本身的透明度,因而隐私问题也随之出现。

虽然区块链技术可以从每一笔交易的建立到成功的整个流程都有记录,但是处于这个生态的所有人,都能从这样的交易中通过仔细观察而获得交易主体的某些特性。而传统的金融支付和交易业务,这样的数据只能从后台、也就是中心点才能获得。

因而,区块链的这个特性可能反而会阻碍区块链技术在某些特定行业的运用。

第八章

区块链的未来逻辑

区块链以一种去中心化的方式集体维护一个超级数据库，同时带来的P2P的特性和分布式账本等技术，为金融行业的未来升级提供了一个选择的方向；同时在其他行业的应用，也证明了其技术在编程上的可扩展性。

这些优势，吸引了各界巨头的目光。

我们期望，区块链的未来，在各行业的努力和政府的正确指引下，能够积极创新地发展。

8.1 必须符合行业标准和实际用例

区块链技术使得金融系统中出现了分布式账本。在此之前，金融行业基本是以法律规则来进行行业活动管理。

所谓法律规则，自然是有人会触犯的，但是也要因此承担起相应的特定后果。

而分布式账本，从区块链技术的本质中，我们可以看到，更多是以技术规则来进行管理的行为活动。

数字化生态系统中，社会化的法律规则和电脑代码书写的软硬件，同时监管着金融行业的行为活动。但是，和传统完全依赖法律行为进行管辖的金融行业业务不同的是，数字化金融业务中，一旦发生违反规范的操作，并不会引发特定后果，而是会被反馈出错误，最后导致行为无法完成。也就是说，一切都是靠着机器的刚性执行来保证协议的遵守。

例如比特币之类，已经证明自己可以在不受法律监控的规则下自主进行运行、发挥作用，同时每一个矿工所必须遵循的，只是技术规定而非人为约束。同时在技术制约下，每个矿工运行的都是同一个软件，或

第八章
区块链的未来逻辑

者是兼容的软件。而这个软件和平台，为了防止矿工们作弊或者修改代码副本来违规发布交易信息，又规定每一笔交易都在公共账本内进行验证。

从这一点来说，这就是分布式账本和传统金融行业之间最根本的监管规则区别。分布式账本在摆脱了法律规则的辖制后，运行的合规成本很低，矿工们只要使用一个合规的软件来进行挖矿和交易就行。

但是，当技术运行到这里的时候，问题就出现了。无论是传统金融行业法律规则也好，还是现时备受瞩目的区块链技术也罢，那么，即便是后者需要遵从的技术规则，到底是由谁来制定？

当前金融系统，一种是"私人"的规定，就相当于国内某个银行，根据本行的实际情况制定的规则和要求；另一种是"公共"的规定，则是央行和国家对银行业务的总体规定。这些规定的设置和执行初衷，是为了金融领域更好地、合规地发展。

而分布式账本系统，更多的是体现在非制度化的、私人的规定制定。就算是在公有链中，不需要特别的许可权限就可以参与到区块链生态环境的贸易中，看上去似乎是独立于法律规定之外，只要遵循协议中的数学和密码学的计算就行；然而，事实并不是这样。因为这些技术的规定，最初也是由特定的人制定并且执行的。如图8-1所示。

例如，比特币之父中本聪，在2010年把项目的控制权交给一个在美国生活的程序员，由他来负责比特币的定期更新，以及修补BUG，适应互联网和计算机技术的演进变化。并且，这个控制权包括了所有权和规则制定权。

因而，管控比特币软件和进行维护的掌控者，就成为区块链技术为比特币产生和交易支持的生态环境中，活跃着的矿工们的行为的制约者。

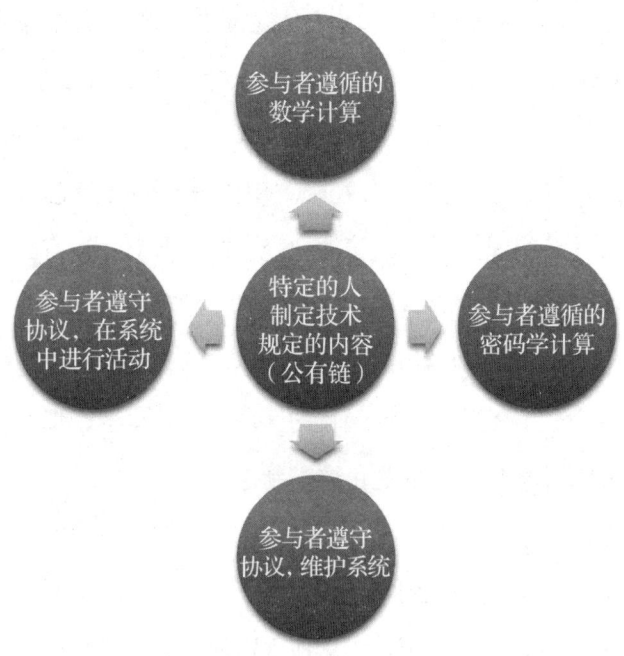

图 8-1 公有链的制度性

针对于比特币,其软件是由一个非制度化的流程控制,而对该软件修改版本的权利则是控制在被授权的美国程序员和另外五个核心开发者所组成的团队手中。虽然说他们的权利由一份非正式的自我权利章程约束,但是,其中相关的民主部分还是规定,规则的变化是需要生态环境中绝大部分矿工达成一致协议后才可以进行。

在比特币生态中活跃的矿工,是非正式的机构和掌握最大算力、控制大矿池的矿工大户,因而说在决定是否同意某项修改或者变革中,这部分人的意见是非常重要的。

可以想象,当生态环境确实存在比较大的BUG时,所有人的意见应该是趋向于一致的。但是如果涉及到利益方面的制度修改时,技术化的监管和治理就往往会显得力不从心。

而在联盟链或者私有链中,软件的管理相对方便。因为最主要的权限,还是掌握在对代码有着充分行使权的管理人员手中,由他们来决定代码如何修改。从这方面来看,联盟链或者私有链就是把法律义务和责任归在行使者一方,通过在法律规定的前提下维护一个有进入门槛的区块链技术支持下的生态圈。

如果是管辖公有链,通过法律规则进行的话就比较复杂了。首先因为没有专门的法律实体控制整个生态。例如比特币,因为中本聪的设想是完全通过技术规则来自动触发一切的行为,因而与其监管比特币,不如转换为监管使用比特币的业务。

另外,区块链技术是建立在互联网的大发展之上的,同样也是含有软件和协议等一些技术规则。因而,监管部门也可从这个方面入手,通过互联网基础设施的管理进入多方维护的区块链技术中。

从比特币的金融监管扩展出去,我们可以看到,区块链技术依然是需要监管的。一方面是需要不断修改内部的体系以满足客户需求;另一方面,也要积极推进各种生态环境下,区块链技术支持的行业的技术规范及其制定。

例如,2016年2月3日,中关村区块链产业联盟的成立,就是为了搭建一个受到相关行业肯定的平台,解决会员单位在使用区块链技术发展其业务时遇到的难题,最终可以打造一个完整的生态环境。

8.2 还有很长的路要走

区块链的应用,要真正落地到现实中并没有那么容易。作为最先研究区块链运用技术的金融行业,要在现有监管框架内找到新技术的生存突破点,同时与现有运用的相关行政法规并行且不冲突,从区块链的发展根本来说，应该是利用它现有的模式来协助金融行业在商业领域内的受限制方面。从整体来说，大约包括以下几个方面。如图8-2所示。

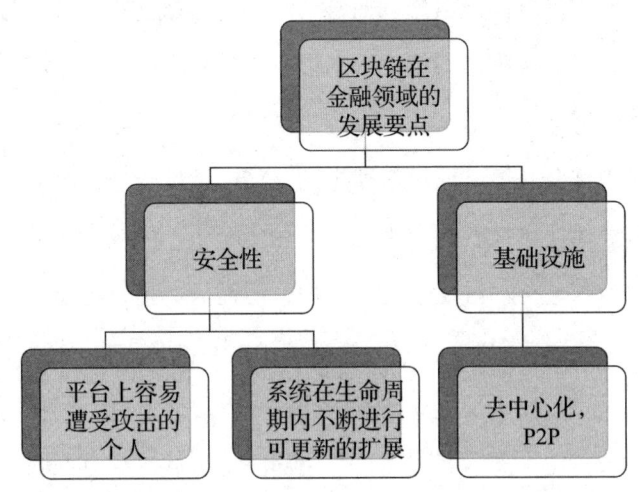

图8-2　区块链在金融行业发展的重要点

首先，是金融行业的基础设施方面。

从区块链的产生来看，首先它的诞生就是伴随了一场金融的革命，革的是旧有金融结构模式的命。

从区块链的技术本质来说，对于金融行业现有的设施和技术，去中心化的特质影响巨大，甚至颠覆。

传统的金融基本行业中，包括支付统筹、证券、结算、票据等一系列业务，这些业务流程的设计中都含有中央处理机制。

然而，在已经模拟测试和开发的区块链技术方面，去中心化的魅力得到充分体现，人们已经看到点对点业务的便捷性和可靠性；同时区块链技术自带的公正性属性，令中心化的背书显得多余。从这方面来说，区块链技术确实能给金融行业节约大量的人力物力，削减中间成本，向传统的具有中介性质的交易所、金融机构等发起挑战。尤其是在区块链可以多方面参与的与

第八章
区块链的未来逻辑

价值转移相关的业务，比如说跨境支付、抵押品管理、银行借贷等等。

其次，在区块链的安全性方面，每个项目的实施都要很仔细地分析、研究风险发生的可能性。

就好比说，利用区块链技术进行的慈善捐助，罪犯们可能不会去选择攻击区块链，毕竟和最后获得的利益来比，攻击时付出的成本太高。那么他们有可能会转为攻击领取捐助的人群。

所以，在区块链技术的使用中，政府或者是技术开发者，应该在安全性能方面做好全面措施。如果在最初就预测到可能会有的攻击，就要事先考虑到相应的手段。

例如，在公有链环境下，有可能会遭到拥有垄断算力的使用者对系统或者服务器进行攻击。因而为了应对这样的攻击，就可能需要到抵抗量子计算破解的签名技术。

而为了创建可以长期使用的系统，就要在设计之初考虑到包含在生命周期内的可更新的扩展程序，以及硬件方面的兼容。

在区块链的隐私性方面，一些金融行业提出了改善区块链隐私问题的方案。例如，有一种技术是提出了"混合货币"的概念。也就是说，从一些钱包中提出一定数量的货币，随后将这些货币随机发送到别人的钱包。这样做，确实可以让货币在钱包的转移中没有必然联系，提供比较高的匿名性。只是，虽然货币被发送到别的地址，但依然可以搜寻到踪迹。同时，一旦有些收到"混合货币"的人没有继续将其发送出去，这就等同于盗窃。所以，这个方式也不是非常好。

另一种则是采取群组签名算法，既可以展示自己拥有的货币，又不用具体透露是哪些，而且还可以防止"双花"的可能性。

在使用区块链技术的其他行业里，隐私性这一块还是有很大的技术提升空间。

8.3 闪电网络值得重点关注

闪电网络是为了解决比特币可扩展性问题诞生的。简单来讲，闪电网络的目的是实现安全地进行链下交易。由于大部分交易是在链下进行，因此闪电网络能够大大提高区块处理交易的效率。

目前，很多业内人士对闪电网络的看法褒贬不一。闪电网络虽然被看成是预言比特币扩展到未来的方式，但是在增大比特币交易容量这个问题上，很多人并不看好闪电网络能促进比特币的发展。

从通道的便捷度来看，首先，闪电网络想要的是使比特币具有支付的无限可扩展性，以及小额支付和即时交易。

闪电网络的本质是使得参与者可以直接建立交易通道完成交易，而不用像比特币的生态链那样，要通过全网通知，得到矿工同意进行打包才能完成交易。

值得关注的是，闪电网络最重要的一个技术部分，就是可以打通交易通道。打个比方，就好比大雄和哆啦A梦之间有个通道，哆啦A梦和技安之间有个通道。于是，大雄要和技安进行资金传输时，可以通过哆啦A梦向技安进行发送。

就好像哆啦A梦有个任意门一样，如果哆啦A梦的任意门可以和世界上的每个人进行连接，那么大雄就可以通过哆啦A梦和世界上的每个人进行资金的传输，并且是瞬间完成。理论上，哆啦A梦的任意门是完全值得信任的。放大到最后，大雄可以和世界上的任何一个人，用自己手里的日元进行各种货币的交易。

哆啦A梦的任意门，其实就等于拥有一种强大的智能性（智能合约），能够随意打开N个属性，进行N种货币的交换。但是，任意门还是只有一个。如图8-3所示。

第八章
区块链的未来逻辑

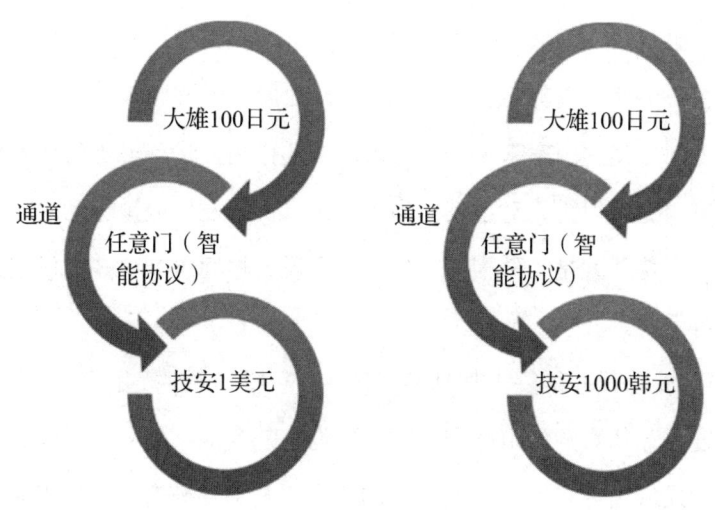

图 8-3 闪电网络模拟图

闪电网络上升到此时，就只是一套代码（任意门），即一个支付通道，锁定 N 种货币，并且在通道内进行余额调整。

从这个方面来说，闪电网络并不是比特币的第二层支付网络，而是所有区块链之上的网络。比特币反而变成第二层支付网络。

8.4 保持足够的耐心

从人类的几次工业革命进程可以看到，技术的创新是可以带动和促进人类发展，为企业的运作模式带来巨大的影响。

足够激进的技术创新，会导致社会产生革命性的变化。区块链技术正在模拟和测试，并在有限范围内投入使用，已经显示出强大的、具有颠覆性的创新能力。在未来，区块链技术很可能会有颠覆整个社会经济和社会生产的能力。

但是，从现在比特币和区块链实际运用及落地的项目来看，目前最

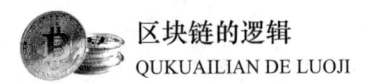

渴望使用比特币或类似货币系统的国家和地区,都是那些金融机构比较落后,或者法币使用极其不稳定的国家,以发展中国家居多。

对于西方发达国家来说,比特币的主要作用,是跨境支付或者使投资时支付更便捷。但是,对于其他国家来说,例如发生废钞运动的印度和委内瑞拉,比特币就是一种相对本国法币来说,稳健可靠得多的保值系统和国内支付手段。

Bitwage总裁乔纳森·切斯特(Jonathan Chester)表示:"当我们和巴西、印度或菲律宾的外包商沟通时,他们总是会问:你们的手续费为什么比传统模式低出很多?当他们知道比特币在其中发挥的重要作用时,他们总是会感叹自己在比特币安全性方面的知识太匮乏。比特币不仅能够提高销售流程的效率,还能避免潜在用户的流失。""每个刚开始接触比特币的人都会感到疑惑:比特币究竟是保值手段还是支付手段?为什么对这两个功能的教育这么重要?"

比特币的发展,需要一个比较长的验证和研发过程。在这其中,需要政府的投入和规范,也需要民众的技术开发和推进。比特币的普及,可以说是一个教育过程,但更是对数字货币的安全性认知教育。

案例一:美国Overstock努力推动区块链教育

2015年8月,美国电子零售巨头Overstock发布了区块链平台。该平台可以发行基于区块链的数字资产,如债券、股票等。

Overstock发行的股票,就是在这个平台上进行买卖。股票将和分布式账本上的数字资产捆绑在一起。但是,已经有实例证明,证券经纪人根本不清楚该如何完成整个购买流程,也不知道该怎么去向潜在客户推荐和营销,导致部分潜在客户的流失。

事实又一次证明,区块链作为一种新的技术,是需要从教育入手的。

区块链和比特币因为相关领域的知识还比较新，教育资源稀缺，因而需要一些时间的等待，才会有相应的教育书籍和课程出现。

对区块链技术的研究，需要秉承严谨的态度来进行，同时政府也要加强管理力度，令其在市场主体化的竞争中有序健康地发展。

案例二：越南政府拟出台数字货币管理法律

越南当地的金融骗局有很多都是涉及到比特币的滥用。例如某传销投资骗子利用比特币进行非法集资，在集资到110万美元后宣布失败。虽然政府部门一再警告民众要谨慎使用数字货币，但是收效甚微。

2016年12月，越南政府宣布，将为该国打造一个"针对虚拟财产、电子货币和虚拟货币的综合法律框架"。

目前，越南政府已经授权各个部门检查虚拟货币在本国的运行和使用情况，最终，会有司法部门、央行、行政部门等共同搭建出监管数字货币和数字资产的法律框架。

具体来说，监管的模式可以参考包括日本、美国和欧盟在内的其他国家的推行模式。虽然目前越南并没有正式认可比特币的代币地位，但是，虚拟货币的法律体制建设是非常必需的。尤其是当前比特币的市值已经超过120亿美元，引发的诉讼和犯罪都属于司法部的管辖。

作为世界经济发展最为迅速的国家之一，越南的贫困线在不断下降，智能手机的大量使用，使得民众接触电脑和数字资产模式的可能性急剧上升。政府首先要做好宣导民众谨慎对待加密货币，同时还要健全对于数字货币的监管。这需要时间来积累。

2016年可以说是区块链之年，有关区块链的创新层出不穷，各国政府在区块链项目中的参与度也是前所未有的高涨，而各种项目的优势和缺点也都逐渐暴露。

可以看到，当政府介入区块链项目中时，为区块链和相关公司的发展也带来各种优势和便捷。那么接下来，是该通过立法来不断促进比特币和区块链的良性发展，还是该进行宣传教育？

美国商品期货委员会（CFTC）的一名官员克里斯多夫·詹卡洛认为区块链技术中的分布式账本技术，是值得不断研究和推广的，因为会给金融市场和金融监管部门带来绝对的优势。尤其是自从2008年的金融危机以来，全球市场的管理以及资本需求呈现分散化趋势。而区块链的分布式账本技术，恰好能应对由此所带来的运营和监管问题。

但是，为了促进这项新技术，必须要政府部门共同协助，制定出符合实际的监管方案，帮助分布式账本技术的健康、创新发展。

在克里斯多夫·詹卡洛看来，以下几个方面的内容可以作为促进分布式账本技术的参考。

第一，需要金融监管部门的技术人员，和金融科技公司合作。一方面，解决现有的监管问题；另一方面，也是为分布式账本以及区块链其他的应用等，建立一个适合的服务和商业运转模式。

第二，金融监管部门要为创新技术打造一个特定的监管环境，还要与金融科技行业紧密合作，为它们留出发展空间。

第三，金融监管部门要直接参与金融技术概念鉴证项目，在了解技术创新的同时还能提高执法工作的效率。

第四，金融监管部门要多听多学，与金融科技创新者建立紧密联系。从而得出有利于新科技的商业发展模式的新规则。

第五，需要委任一支特别团队，帮助金融科技公司解决它们在实际发展中遇到的管理和法律问题。

与克里斯多夫·詹卡洛从政府监管角度出发不同，Crypto Consultant

总裁杰森·卡西迪（Jason Cassidy）认为，用户和政府监管的参与都很重要。他说："（比特币和区块链）发展到目前的阶段，政府和民众都应该加以重视。好几个国家已经开始通过政府私链进行货币试验了。它们试图采用这种方式，从国家层面复制出另一个成功的比特币。数字货币立法也是全球热议的话题。"

另外，随着未来几年多国经济的动荡，失败的经济政策只能推动和加强一个国家对比特币的认识，促使它们使用数字货币。就好像印度和委内瑞拉，在宣布废钞令后，比特币价值不仅没有下跌，反而还有所攀升。

自2008年的世界金融危机以来，各国都在努力操作自己的货币。货币战争已经箭在弦上，不得不发。

写到这里，本书基本讲述完了比特币和区块链的前世今生，希望在未来，能看到区块链和比特币的健康有序发展，对人类社会化进程和政治金融、科技生活带来良性的推动和催化。